目　录

GREAT
BY
CHOICE

选择卓越

[美] 吉姆·柯林斯(JIM COLLINS)
莫滕·T.汉森(MORTEN T. HANSEN) 著

陈召强 译

中信出版集团 | 北京

图书在版编目（CIP）数据

选择卓越 /（美）吉姆·柯林斯，（美）莫滕·T·汉森著；陈召强译. -- 2 版. -- 北京：中信出版社，2019.11（2026.1 重印）

书名原文：Great By Choice

ISBN 978-7-5086-8454-3

Ⅰ. ①选… Ⅱ. ①吉… ②莫… ③陈… Ⅲ. ①企业管理—经验—世界 Ⅳ. ① F279.1

中国版本图书馆 CIP 数据核字（2019）第 309395 号

选择卓越

著　　者：［美］吉姆·柯林斯 ［美］莫滕·T. 汉森

译　　者：陈召强

出版发行：中信出版集团股份有限公司

（北京市朝阳区东三环北路27号嘉铭中心 邮编 100020）

承 印 者：**北京通州皇家印刷厂**

开　　本：880mm×1230mm 1/32　　印　　张：9.75　　字　　数：212 千字

版　　次：2019 年 11 月第 2 版　　印　　次：2026年 1月第12 次印刷

京权图字：01–2012–6686

书　　号：ISBN 978–7–5086–8454–3

定　　价：69.00 元

推荐序

摒弃商业童话　回归有限构念

这本《选择卓越》是柯林斯教授的书，没有谁会不重视他及其合作者发布的洞见。柯林斯的系列著作都是机场书店的热门书，他拥有着耀眼的光环，企业家、管理者和爱好谈论企业管理的人，都将其理念奉为圭臬，挂在嘴边。但他们应用了多少，效果如何，还有待考量。

"后见之明"常常是我在教批判性思维时，跟念 EMBA（高级管理人员工商管理硕士）和 MBA（工商管理硕士）同学辨析的一种推理错误，俗话说就是"事后诸葛亮"。比较准确地描述对管理实践中的后见之明，主要体现在瞄准现在业绩好的成功企业，在追寻其成功的奥秘、原因时，简单化地建立了"一招鲜""一技长"式的因果逻辑，表现为这样的断言：因为做好了 AAA、BBB 和 CCC，所以才有了 ZZZ 的成功！此类总结，常见于财经杂志短篇幅的关于企业成功之道的文字中，而在商学院和培训项目的课堂上，也不乏如锦囊妙计和点金术般的类似分析。

摆脱后见之明的束缚和误导，常用的方法是竞争性假说的丰富和证伪，理性看待“绝对是A带来了B”这样的定论，尊重“也许还有别个缘由”的疑问。后见之明构筑了商业童话，让站在讲台上的老师和神坛上的首席执行官笃定且风光，但这种做法极不健康。后见之明对于希望走向有效和持续的管理实践和商业探索的企业来说，都是“科学的决定论样式的”雾瘴，不可不察。

柯林斯的著作，一直追求样本选择上的规范性和研究方法上的严谨性，希望经得起同行的推敲。他的书中常常有非常长的附录和样本选择、研究方法的仔细说明。这里，我不想赞扬这样的研究方法有多学术或者有多靠得住——实话说，柯林斯一直在学术与实践之间寻找某种平衡（也算是证明他是“和的天才”吧）——我更认同的是，这是管理研究者在得出希望对实践有指导意义的结论时，一种对管理情境的看重。柯林斯不愿也不能脱离现实土壤来表达管理结论，而这正是管理范式的基本特征，这不同于经济学，也不同于很多其他社会科学，当然，它也不同于人文科学。

所以，你在读这本《选择卓越》时，一定不要遗漏了作者精心编辑的附录，我尤其推荐“附录·答疑篇”部分，该部分为你展现理解柯林斯一贯思路的更大的图景。这些附录，解释了这些结论成立的原因，以及它们所附着的载体。这些结论在什么样的环境下，在什么样的行业中，聚焦什么样的问题时，能称得上是定理（也只是定理）或者“有条件证明”的假说。对于这本书而言，柯林斯反复强调他得出结论时更关注在“不确定和混乱”时期所彰显的卓越，而非顺水跃进期的优秀。这更能帮助你理解为什么要坚持“20英里征程”“在顺境中保持克制不超速”，对于10倍速公司来说，它们与“在逆境中竭力坚持不妥协”同样重要。这种保持头脑清醒、动作不变形的选择与能力，造就了顺境与逆境一贯的10倍速成功。

子弹与炮弹的比喻，在本书第4章中十分有说服力，柯林斯对盖茨和微软Windows（操作系统）、乔布斯和苹果iPod（多功能数字多媒体播放器）产品这两个耳熟能详的成功案例的回顾，揭开了这两个常被高度赞赏、无限崇拜的神奇崛起的品牌的面纱，还原了这两位敢于尝试、修订、放大、调整的领导者原本的模样，更消除了我们对自己所从事的商业和管理行业那种“巫术”般的神秘误读，让可学习性、可应用性大大增强。这也让创业者和企业家更有信心，因为它让我们意识到，那种不确定事件带来的纠结和摇摆，那种选择人迹罕至的道路带给我们内心和外部的压力，都是常态，这些并不意味着你很糟糕，你应该收手放弃。

SMaC，如果你不知道我在说什么，那么它正是吸引你探索这本书的一个理由。MBA和EMBA有至少一半的课程会谈及并努力解读西南航空公司的案例，在SMaC框架的解释下，这种解读完全呈现出另一种竞争性假说的魅力。能数十年保持不变的SMaC方法，应该算作管理中的哪个层面呢？是理念哲学、工具方法、文化价值观，还是制度策略？这些似乎都不是。SMaC方法具体且富有条理，同时又具有概括性，力求能够保持一致。它既是方法、做法，又是能够履行的（在时间和空间上）方法和做法。柯林斯富有创造力地用美国宪法来做比拟，“我们认为这些真理是不言自明的”，而谨慎严格的修正案机制让这种不言自明有了更长久、更持续的生命力。这很有意思，也很有启发性。

柯林斯很不喜欢越来越具通俗大众市场意味的运气论，不管是成功者借好运气而使业绩增色，还是失败者用坏运气做借口。想想《异类》(*Outliers*) 那种专栏作家式的对广义“运气”因素的赞美。在这本书中，柯林斯有针对性地重新解读冰球运动员挑选、盖茨、湖滨学校等外部因素，努力地通过更多的历史考据和更辩证的思维逻辑，把好运气在成功方程式中复原为一个过客式的配角，认可并强化坏运气在失败方程式中的关键角色。柯林斯关于浪费好运气的分析，让运气因素转变为一种“应得的幸运”，这实属对运气论的升华。

柯林斯在书中的构念之一“和的天才”，也许会让中国文化的拥趸感到很兴奋。柯林斯不再把一个硬币的两面当作非此即彼，对错分明，而是用这种健康的批判思辨能力，对这本书中屡次出现的我们很熟悉的“既……A……又……B……”(而 A 和 B 往往是两种截然相反的选择、观点)，做出了某种辩护。柯林斯引用了那句家喻户晓的菲茨杰拉德名言“一等一的大智慧是当头脑在对立中冲撞时，你还行得协调，走得不拧巴”，希望我们能够接受这种把自由裁量交给实践者的做法。中国读者接受起来决不会费劲，当然，这永远存在“过分辩证”或“相对主义”的风险。

尽信书，不如无书。读这本书的你，千万别海绵式地点头称“是”，认可这本书中的每个概念、断言。请你把它们当作假说，跟自己的实践和观察进行对照思考；别把它们当作真理，用小本子记下来准备原样照搬。再好的理论都是灰色的，而实践之树常青。关注企业成功规律的我们，容易忍不住炮制一些看上去很美、很完整、很理性的“正向阴谋论”，而丧失对管理实践者“行胜于言”的敬畏。以我在写案例过程中采访国内某成功企业家时，他所说的一句话来结束这篇序言：“当时真没想那么多。”

是的，他们真没想那么多。但感谢柯林斯孜孜不倦地分析那些企业家没有想那么多，却不自觉地践行着的逻辑，以此来启发更多的管理实践者，使他们更有效地、更自觉地创造属于自己的卓越。

杨斌

清华大学副校长

第一章

在不确定的环境中蓬勃发展

我们对未来一无所知。

——彼得 · L. 伯恩斯坦

我们无法预测未来，但我们可以创造未来。

回顾过去的15年，想一想在这个世界上、在你的国家里、在市场上，以及在你的工作和生活中所发生的不确定性事件，它们无一不超出人们的预期。我们会感到吃惊、困惑、震惊、彷徨、欣喜，甚至恐慌，但对这些事件的发生，我们却鲜有先见之明。没有人能够准确预测我们一生中所要经历的波折。生活充满了不确定性，而未来则充满了未知。这说不上好，也谈不上坏。它好似万有引力定律，原本就是这样的。然而，任务依然存在：既然这样，我们又该如何掌握自己的命运？

2002年，我们开始了长达9年的研究课题，而研究成果就是本书的内容。当时的美国刚刚从自己处于稳定、安全的环境和拥有财富话语权的错觉中清醒过来。长期的牛市出现了崩溃；政府预算由盈余转向赤字；2001年的“9·11”恐怖袭击事件让恐惧和愤怒的情绪裹挟了美国人的生活，而战争也随之而来。与此同时，在全球范围内，技术变革和全球竞争的势头愈演愈烈，让整个世界充满了不确定性。

所有这些都把我们引向了一个简单的问题：在充满不确定性甚至混乱的环境中，为什么有些公司能够蓬勃发展，而有些却不能？在遭遇狂暴事件持续打击时，在遭遇我们无法预测亦无力控制的迅猛力量的冲击时，为什么有些公司会表现卓越，而有些公司却表现不佳，甚至表现得很糟糕？

在某种意义上，不是我们选择了研究这些问题，而是这些问题选择了我们。有时候，这些问题会扼住我们的咽喉，并在我们耳边咆哮：“我不会松手，我不会让你有喘息的机会，除非你回答我！”这些研究之所以会抓住我们，是因为我们对这个看似日趋混乱的世界及其脆弱性有着一种持续的焦虑和担忧。这不仅是一个需要开动脑筋的有趣问题，而且是一个与我们每个人都息息相关的问题。在我们的教学中，在与商界和社会各部门的领导者共事时，我们感觉到他们也有着同样的焦虑。在这 9 年间，发生的各类事件只是进一步强化了这种焦虑感。接下来会发生什么？据我们所知，没有一个人知道答案。

然而，即便我们处于这样一个环境中，也还是有一些领导者及公司交出了优异的答卷。他们不仅满足于应对，而且着眼于创造；他们不仅满足于生存，而且着眼于取胜；他们不仅满足于成功，而且着眼于蓬勃发展。他们建立了可持续发展的卓越企业。我们从不认为混乱、不确定性和不稳定性是有利于发展的。处于混乱状态的公司、组织和社会，以及毫无章法的领导者，是不会取得成功的。但在混乱的环境中，公司也是可以实现蓬勃发展，并取得成功的。

研究案例中的高绩效公司，我们称之为 10 倍速公司，之所以给它们冠以这样一个称号，不仅仅因为它们生存了下来，也并不仅仅因为它们取得了成功，而且因为它们真正实现了蓬勃发展。与它们所在行业指数相比，任何一家 10 倍速公司都胜出至少 10 倍。如果你在 1972 年年底投资了一家 10 倍速公司投资组合（在所投资的公司登陆纽约证券交易所或纳斯达克之前，按一般股票市场回报率计算），投资额为 1 万美元，那么到我们研究截止的时间（2002 年年底），你的这笔投资的本金加收益将超过 600 万美元，而这相当于投资一般股票市场的 32 倍。

为抓住研究的关键，我们以 10 倍速公司中的西南航空公司为例进行说明。你可以想一想，1972 年到 2003 年航空业所遭遇的重大不利事件：燃油价格冲击、放松管制、劳资冲突、空中交通管制员罢工、经济大衰退、贷款利率上涨、劫机、公司接连不断破产，以及在 2001 年 9 月 11 日发生的恐怖袭击事件。然而，即使如此，如果你在 1972 年 12 月 31 日投资了西南航空公司（就规模而言，与三大航空公司相比，当时的西南航空公司显然不值一提，它刚刚实现收支平衡，而且正遭到大型航空公司剿杀），投资额为 1 万美元，那么到 2002 年年底，这笔投资会增长至近 1 200 万美元，是一般股票市场回报率的 63 倍。它的表现优于沃尔玛、英特尔、通用电气、强生和迪士尼。事实上，据《金钱》杂志的分析，就回报投资者而言，西南航空公司在 1972 年公开交易的所有标准普尔 500 强公司中位居第一（1972 年买入，至 2002 年连续持有 30 年）。不论以何种标准衡量，这样的结果都会给人留下深刻印象，但如果再把西南航空公司所处的环境（内部风起云涌、外部遭受冲击，以及长期的不稳定性）考虑在内，那么这一结果无疑是惊人的。

为什么西南航空公司能够克服重重困难并最终脱颖而出？在掌握自己命运方面，它都做了些什么？它如何取得其他航空公司无法企及的世界一流业绩？具体来说，就是在这样一个极端的环境中，为什么西南航空公司会变得如此卓越，而处于同一个行业、有相同的商业模式、面对相同机遇的太平洋西南航空公司，却最终走向破产，并退出了航空业？这些一对一的比较案例抓住了我们研究问题的精髓。

很多学生和读者都会向我们提出这样一个问题："这项研究与之前对卓越公司的研究有什么不同，尤其是与《基业长青》和《从优秀到卓越》这两本书相比，它们的区别在哪里？"我们运用的研究方法是类似的（历史比较分析法），而关于卓越的研究也是恒久不变的。但不同于之前的研究，在这项研究中，我们所选案例的标准不仅是它们的业绩或者声誉，而且包括极端环境。

我们之所以选择业绩和环境作为标准，原因有二。第一，我们确信未来是不可预测的，因此在我们的余生之中，这个世界仍将处于不稳定的状态。我们想知道的是，在这样的环境中，哪些因素让卓越的公司，也就是那些在极端困难面前所向披靡的公司，脱颖而出。第二，通过考察极端环境中的最佳公司及其管理者，我们可以获得一些洞见，而这些洞见，我们若仅通过研究更稳定环境中的管理者，就可能不会得到。想象一下，你休假远足，走在草地上，沐浴着暖洋洋的阳光，而你的同伴是一位伟大的登山运动员，他曾经作为领队征服过世界上最险峻的高峰。你或许注意到他与其他人有一些不同，比如，他更注意小道周边的情况或在打包时更仔细。但从总体来讲，在一个春光明媚的日子里，出行的安全性是可以预见的。所以，在这种情况下，这位领队的卓越才能很难真正展现出来。现在再让我们对比一下，假设你在珠穆朗玛峰的山腰，与你同行的也是这位领队，在登山过程中，你们遭遇了致命的风暴。在这种环境下，你可以更清楚地看到他的不同，你可以更清楚地看到他的卓越之处。

> 研究极端环境中的领导者就像是指挥行为科学的实验或使用实验室的离心机：将领导者放到极端环境中，从而找出卓越与平庸之间的明显区别。我们所要考察的是，在彰显这些差别的环境中，真正卓越和仅仅优秀之间存在什么样的不同。

本章相当于本书的前言部分，在本章的剩余部分，我们会简单介绍一下我们的研究过程，并对这一过程中的部分意外发现进行预演。（关于我们的研究方法，可参阅附录的研究依据。我们在那一部分做了更加详细的描述。）从第 2 章开始，我们将展开深入研究——主要研究的是领导这些公司的个人；而第 3 章到第 6 章研究的是他们如何让这些公司脱颖而出，如何使这些公司有别于那些不太成功的公司的。对于我们来说，第 7 章是研究过程中特别有意思的一部分：运气。在这一章中，我们对运气进行了定义和量化，以确定 10 倍速公司是更幸运还是更不幸的，并对它们在运气方面的不同情况进行了考察。

寻找 10 倍速公司

在我们的研究过程中，第一年主要是确定 10 倍速公司，即在历史数据中寻找符合如下 3 个基本测试项的公司：

1. 相对于一般股票市场和所在行业，该公司至少连续 15 年保持出色的表现。
2. 该公司是在极端不稳定的环境（充满各种不可控的、瞬息万变的、不确定的，而且会造成潜在负面影响的事件）中取得这些出色表现的。

3. 该公司经历了从弱小到卓越的发展过程，即在研究10倍速公司之旅的最开始，它处于脆弱状态，还只是一家年轻的或规模很小的企业。

最初的清单共有20 400家公司，我们进行了11次筛选，以确定所选的案例公司符合我们所有的测试项。因为我们想研究的是公司在极端环境下的极端表现，所以在筛选过程中，我们使用了极端的标准。就最终确定的10倍速公司（见表1–1）而言，它们在我们研究的时间段里都交出了卓越的答卷。

在做进一步论述之前，我们需要强调研究案例的一个关键点。我们研究的是公司历史时期的表现，是以2002年而不是当前时间为时间节点的。所以，在你阅读本书时，你很可能会发现清单上的一家或多家公司已经出现问题，不再是卓越的公司了。这会让你产生疑问："为什么是某公司？它现在看起来好像不是一家10倍速公司了。"你可以把我们的研究比作对一个处于鼎盛时期的体育王朝的研究。在20世纪六七十年代，美国加州大学洛杉矶分校棕熊队在约翰·伍登的执教下战绩辉煌，在12年中10次夺得全国大学生体育协会的冠军。在伍登退休后，虽然球队战绩有所下滑，但这并不妨碍我们对其鼎盛时期的研究，由此得出的洞见也不会失效。同理，一家卓越的公司也可能变得不再卓越，但这并不会把它的鼎盛时期从其记录簿中抹去。就研究视角而言，我们关注的是公司历史的鼎盛时期，而我们的发现也基于公司历史的鼎盛时期。

表 1–1 10 倍速公司表现情况最终清单

10 倍速公司	所研究的时间段（年）	投资 1 万美元的价值*（万美元）	与市场情况相比较（倍）	与所在行业相比较（倍）
安进（Amgen）	1980—2002	450	24	77.2
巴奥米特（Biomet）	1977—2002	340	18.1	11.2
英特尔	1968—2002	390	20.7	46.3
微软	1975—2002	1 060	56	118.8
前进保险（Progressive Insurance）	1965—2002	270	14.6	11.3
西南航空	1967—2002	1 200	63.4	550.4
史赛克（Stryker）	1977—2002	530	28	109

注：* 股票累计收益，用股息再投资。对每家公司均投资 1 万美元，投资时间为 1972 年 12 月 31 日，并一直持有至 2002 年 12 月 31 日；如果该公司在 1972 年 12 月 31 日前尚未上市，那么在美国证券价格研究所中心收录该公司的首月数据之前，投资增长按一般股票市场收益率计算。在本书中，股票收益计算的数据均源于 © 200601 CRSP ®，数据使用权由芝加哥大学布斯商学院证券价格研究中心授权使用，其保留所有权。见 http://www.crsp.chicagobooth.edu.

对比的力量

我们的研究方法是建立在设立一个对比组之上的。关键的问题不是“这些卓越的公司都有哪些共同点”，而是“卓越公司的哪些共同点将其与对比组案例公司区别开来”。这里所说的对比组案例公司是指与 10 倍速公司处于同一行业，而且在同一时期面临相同的或非常相似的时机，却未能取得卓越业绩的公司。借由严格的评分体系，我们系统地针对每一家10倍速公司设立了对比组案例公司。从整体上看，10倍速公司的业绩是对比组案例公司业绩的30倍，甚至更多（见图1–1）。通过比较分析10倍速公司及其对比组案例公司在相关时期的表现，我们得出了一些结论。

以下是10倍速公司与其对比组案例公司的最终配对：安进对基因泰克（Genentech），巴奥米特对基兰斯纳（Kirschner），英特尔对超微半导体公司（AMD），微软对苹果，前进保险公司对萨菲科保险公司（Safeco），西南航空公司对太平洋西南航空公司，史赛克对

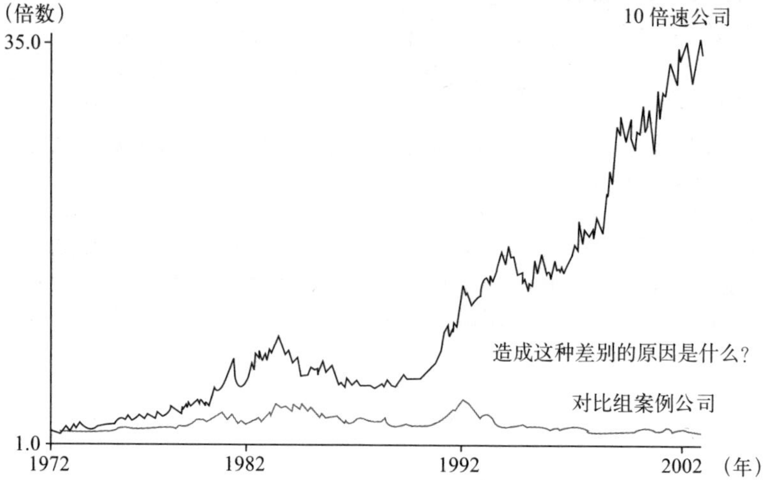

图1–1　对比研究——10倍速公司与对比组案例公司的比较

注：1. 在美国证券价格研究中心收录所持公司的首月数据之前，按一般股票市场收益率计算。

2. 在本书中，股票收益计算的数据均源于©200601 CRSP ®，芝加哥大学布斯商学院证券价格研究中心授权使用，其保留所有权利。见http://www.crsp.chicagobooth.edu。

美国外科医疗公司（United States Surgical Corporation）。我们选择苹果作为对比案例的决定，需要说明的是，在 2011 年撰写本书时，我们就知道它已经成为历史上最引人注目的复苏案例之一。关于微软与苹果的对比，我们的研究视角主要集中在 20 世纪 80 年代和 90 年代，当时微软已经如帝国一般存在，而苹果则步履维艰，几近破产。如果你在 1980 年 12 月底购买苹果的股票（当月，苹果股票首次公开发行），并一直持有，直至我们进行分析的时间节点，即 2002 年，那么你的投资回报率将落后一般股票市场 80% 以上。不过，在史蒂夫·乔布斯的带领下，苹果将有令人惊讶的表现，对此我们会在后面进行论述。但有一点，我们需要在这里指出：公司状态的确会随着时间的变化而变化，它会从对比组案例公司发展成 10 倍速公司，也会从 10 倍速公司退步至对比组案例公司。从优秀到卓越，一切皆有可能。

令人惊讶的数据

我们对每一组对比公司都进行了深入的历史研究。我们收集了超过 7 000 份文件，以便清楚地了解每一家公司的年度演变史——从成立之初一直到 2002 年。然后，我们对数据类别进行了系统分析，包括产业动态、成立根源、组织、领导层、文化、创新、技术、风险、财务管理、战略、战略变革、速度和运气。在研究过程中，我们并不是对已有理论进行测试或证实，而是欢喜于令人惊讶的证据，并因新的发现而改变看法。

在本书中，我们依据收集来的数据提出假设，并建立了一个全新的框架。我们采用的是迭代法，即在数据的启发下产生各种想法，然后按照证据对这些想法进行测试，看看它们在证据面前是否经得起考验。如果不对，我们就再代之以新假设，进行新一轮修订、测试、再修订，直至所有假设与证据契合，这就是我们最终总结的概念。

我们所有的证据都基于事实，是确凿的。就我们的分析而言，其核心是10倍速公司与对比组案例公司的跨时间比较，我们会问这样一个问题："它们之间的不同是什么？"这种提问式的方法被证明是非常有效的，因为这不仅会让我们产生新见解，而且会彻底粉碎那些根深蒂固的神话。事实上，很多发现与我们的直觉感知都是相反的，而任何一个重大发现都会让我们研究团队中的至少一个人感到惊讶。作为后面内容的一个预演，在这里我想列举几个被我们的研究发现粉碎的神话。

根深蒂固的神话：在一个动荡的世界里，成功的高层都是大无畏的、追求风险的、有远见的人士。

相反的发现：在我们的研究中，最优秀的高层并不具备预测未来的能力。他们会观察有效的方法，并找出这种方法有效的原因，然后在这种已被验证的有效方法的基础上开展工作。他们并不比对比组案例公司的高层更冒险、更大胆、更有远见或更具创造性。相反，他们更注意纪律和实证主义，也更加多疑。

根深蒂固的神话：在一个快速变化、不确定、混乱的世界中，创新使10倍速公司脱颖而出。

相反的发现：事实并非如此，这个答案超出了我们的预料。的确，10倍速公司在很多方面都有创新。但我们的证据并不支持这样的推论：在创新方面，10倍速公司必然超过不太成功的对比组案例公司；而且，让人惊讶的是，在部分案例中，10倍速公司的创新反而更少。创新本身并未像我们所期望的那样成为王牌，更重要的是协调创新的能力——将创造力融入纪律之中。

根深蒂固的神话：在一个危险的世界里，速度就是生命——你要么跑得快，要么死掉。

相反的发现：有一种观点认为，一个“快速变化”的世界需要“快速决策”和“快速行动”，所以我们必须拥抱所有与“快速”相关的潮流，但实际上，这是走向死亡的“捷径”。10倍速公司领导者知道在什么时候加快速度，也知道在什么时候稳步前行。

根深蒂固的神话：外部的彻底改变需要内部的本质改变。

相反的发现：10倍速公司对变化世界的反应速度，并不及对比组案例公司。仅是你周边的环境发生急剧变化，并不意味着你自己也要做出这种急剧变化。

根深蒂固的神话：卓越的 10 倍速公司之所以能够成功，是因为它们更好运。

相反的发现：整体而言，10 倍速公司的好运气并不比对比组案例公司更多。无论是 10 倍速公司还是对比组案例公司，它们都曾交过好运或厄运，而且在碰到好运气的频率上也相差无几。关键的问题不在于你有没有好运气，而在于你如何对待这种运气。

新视角，永恒的追求

1989 年，我开始研究将卓越公司和优秀公司区分开的因素，并最终出版了《基业长青》（与杰里·波勒斯合著）一书，此后，我又出版了《从优秀到卓越》和《再造卓越》。本书是以上这些研究和分析的继续。就数据而言，这些研究涵盖了 75 家公司的演变史，合并相加超过 6 000 年的公司历史。所以，虽然这只是一项独特的、探究本源的研究，但它也可以被视为我们长期探索的一个问题，“如何打造一家卓越的公司”，不可分割的一部分。

在我们看来，每一项研究都像是在一个黑匣子上打一个孔，以便让光线射入其中，而在这个黑匣子里面，我们找到了区分卓越公司和伟大公司的不二法门。每项新研究都会有额外收获，都会让我们从新视角去审视之前发现的规则。我们不会宣称自己发现的概念是成就“卓越”的原因（社会科学中没有人会宣称因果关系），但我们可以宣称它们之间这种基于证据的相关性。如果你严格遵循我们发现的规则，而不是像对比组案例公司那样，那么你打造一家持久的卓越公司的概率将会大大提高。

如果你读过《基业长青》《从优秀到卓越》《再造卓越》，你就会注意到，在本书接下来的6章中，我们基本没有提及上述作品中的概念。除与第5级经理人有直接关联外，我们在接下来的内容中有意地避开了一些原则，比如刺猬理念、先人后事（先在车上找到对的人）、核心价值、大胆创新的宏伟目标（BHAGs）、训练有素的文化、斯托克代尔悖论、建造时钟、衰落五阶段、飞轮效应。这样做的原因很简单：为什么还要在本书中详述前面几本书中早已发现的理论？但需要指出的是，我们的确对之前书中所阐述的原则进行了测试，并发现它们也同样适用于一个混乱的、不确定的世界。在本书的最后（附录·答疑篇），我们将回答本书中的理论与其他书中的理论的关系。但本书的主要目的是分享我们在此次研究中发现的新理论。

现在，我们的研究旅程已经结束了，我们感到更加平静。这并不是因为我们相信生活将如施了魔法一般变得稳定，变得可预测。实际上，复杂性、全球化和技术的力量正在加快变化的速度，并使这种变化更加无常。我们之所以感到更平静，是因为我们进一步掌握了生存、前行和成功所需的因素。对我们不可能预测的未来，我们已经做好了更充分的准备。

在混乱的世界里实现蓬勃发展不仅仅是一种商业挑战。其实，从根本上讲，我们所有的工作不是围绕商业展开的，而是围绕区分卓越公司和优秀公司的原则展开的。让我们好奇的是，各种类型的卓越组织是如何脱颖而出的。在研究过程中，我们使用上市公司作为数据库，这是因为它们可以提供清晰的、连贯的和公允的结果（以便我们可以审慎地选择研究案例），而且我们能很容易地获得大量历史数据。无论是一所卓越的公立学校、一家卓越的医院、一支卓越的体育队伍、一座卓越的教堂、一个卓越的军事单位、一个卓越的流浪者收容所、一支卓越的管弦乐队，还是一个卓越的非营利组织，它们都有按各自核心目的而界定的结果，但问题是，在一个时刻充满不确定性的环境中，它们是如何取得这种超一流的表现的。卓越并不仅仅是一种商业追求，它也是我们生而为人的一种追求。

所以，我们邀请你加入我们，共同分享我们的研究成果。对挑战和问题，我们要让证据说话。将有用的发现用于创建卓越的企业，这并不仅是对事件的反应，而且是对事件的塑造。正如有广泛影响力的管理学大师彼得·德鲁克所言，预测未来的最好方式，可能也是唯一的方式，就是创造未来。

第二章

10 倍速领导者

成功总是垂青那些有准备的人，这被称作好运气。那些未能及时采取必要预防措施的人，必定会以失败告终，这被称作坏运气。

——罗尔德·阿蒙森，《南极》

1911 年 10 月，两支探险队做好了出发前的最后准备，他们都希望自己能够成为现代历史上最先抵达南极的人。结果是一支队伍夺得胜利，并最终安全返回。而另一支队伍却遭受了一场毁灭性的失败，因为到达南极时，他们发现他们的对手早在 34 天前就已经把旗帜插在了那里，而接下来，他们与死神展开了一场生死搏斗，凛冽的寒风最终将他们吞噬——这支南极探险队中的 5 名成员全部命丧他乡。据部分成员最后写的日记及他们给家中至亲的留言可以了解到，这次探险他们承受着难以置信的磨难和无法忍受的冻伤，直至他们全部被冻死。

这两支探险队的实力可谓旗鼓相当。两名领队分别是 39 岁的罗尔德·阿蒙森和 43 岁的罗伯特·法尔肯·斯科特。他们年龄相仿，而且有着相似的经验，但最终的结果是前者获胜，后者失败。阿蒙森曾带队成功穿越西北航道，并参加过南极洲的首次越冬探险；斯科特曾在 1902 年率队进行南极探险，并最终抵达南纬 82 度。阿蒙森和斯科特率队出征南极的时间相差无几——前后相差不过几天，他们都将面临超过 1 400 英里[①] 的往返行程（大致相当于从纽约市到芝加哥的往返路程），都将进入一个不确定的、极端恶劣的环境中，

---

① 1 英里 ≈1.609 公里。——编者注

而那里的温度即使在夏天也经常只有零下6摄氏度，而且伴随强气流。需要注意的是，1911年，他们没有与探险营地保持联系的现代化通信工具，没有无线电、手机，也没有卫星电话，而且他们一旦在南极被困，要想拯救他们是根本不可能的事情。一名领队率队获胜并安全返回；另一名领队率队败北，并付出了生命的代价。

是什么造成了这两支队伍之间的区别？为什么一支队伍会在如此恶劣的环境中取得非凡成功，而另一支队伍却连队员的生命也没有保住？对于我们的整个研究主题来说，这是一个很有吸引力的问题，也是一个非常鲜明的对比。这两名领队都致力于在极端环境中取得卓越成就。回到我们的研究主题，10倍速公司的领导者就像是阿蒙森，而对比组案例公司的领导者则像是斯科特。我们会在接下来的章节中讨论商业领域的领导者，但首先，让我们再进一步了解阿蒙森和斯科特的故事。（关于阿蒙森和斯科特的故事，我们推荐罗兰·汉福特的巨著《大地尽头》，他对这两个人进行了大量且详细的比较性研究。）

你是阿蒙森还是斯科特？

年近30岁时，为获得专家证书，罗尔德·阿蒙森从挪威赶到西班牙，参加一个为期2个月的帆船之旅。那一年是1899年。摆在他面前的是一个近2 000英里的旅程。阿蒙森是如何完成这一行程的？乘坐四轮马车、骑马、乘船，还是乘火车？

阿蒙森选择的是骑自行车。

之后，阿蒙森又进行了一次尝试，那就是生吃海豚肉，以确定该食物是否有助于补充能量。在他看来，有一天他或许会遭遇沉船事件，到时周围可能会出现成群的海豚。所以，他觉得自己有必要了解海豚肉是否可以食用。

这一切都是阿蒙森为实现自己的追求而做的准备工作，他训练体能，并从实践经验中获得尽可能多的有用知识。阿蒙森甚至还拜因纽特人为师。因纽特人生活在冰天雪地的环境中，常年遭受暴风雪的侵袭，数百年来，他们积累了丰富的经验。而要想掌握在极端条件下的生存技能，恐怕再也没有比向他们学习更好的方式了。阿蒙森学习了因纽特人狗拉雪橇的技巧。他发现，因纽特人从来都不匆忙赶路，而是一步一步地缓慢前行，因为这样可以避免多余的汗水在零度以下的环境结冰。他借鉴了因纽特人宽松的服装款式，这样的穿着利于人体汗水蒸发并发挥保护作用。他学习了因纽特人的生存技能，并自行进行了系统的训练，以便应对在前往南极过程中可能遭遇的各种情况。

阿蒙森的理念是，你不能等到在遭遇突如其来的风暴时，才发现你需要更强大的力量和更持久的耐力；你不能等到在船翻的时候，才决定你是否要吃海豚肉；你不能等到在你已经开始南极探险之旅时，才想要成为一名一流的滑雪者和驯犬员。你要进行高强度的训练，每时每刻都要做好准备，这样，在出现不利条件时，你才可以使出你所储备的强大力量。同样，在有利条件下，这种准备可以让你更好地向前迈进。

与阿蒙森相比，斯科特选择的是一条截然相反的路。在出征南极之前的几年里，他可以参加高强度训练，比如越野滑雪和1 000英里自行车比赛，但他没有。他可以和因纽特人住在一起，并向他们学习，但他没有。他可以把更多的训练放在狗身上，这样他就可以顺心如意地选择狗而不是矮种马了——与拉雪橇的狗不同，矮种马会出汗，所以在冰天雪地中，它们身上会结冰，而且它们也不是肉食动物（阿蒙森计划杀掉那些体弱的狗，以喂食那些强健的狗）。此外，斯科特还把赌注放在了"机动雪橇"上，但这些雪橇并未在南极极端恶劣的环境下接受过全面测试。结果，这些机动雪橇的引擎在最初几天内就出现了故障，而矮种马也很快都倒毙雪地。所以，在这次探险之旅中，大多数时间他们都是"人拉雪橇"，也就是说，他们亲自拉着雪橇穿越茫茫雪原。

不同于斯科特，对不可预见的事件，阿蒙森进行了系统的分析，并做好了充分的准备。在设立补给站时，阿蒙森不仅用旗帜标出了主补给站的位置，而且还在距离其两侧数英里的地方按里程递增的方式插了20面黑色尖旗（在白雪的映衬下显得格外醒目）。这样一来，即使在返程时因风暴而偏离方向，他也可以在超过10英里的范围内找到一个目标。为提高返程的安全系数，在行进的过程中，他每隔1/4英里就会放置包装箱的一些边角料作为标志，而每隔8英里则会插一面黑旗。与之相比，斯科特只是在主补给站插了一面旗帜，而在路上没有做任何标志。如此，即使有一点儿偏向，斯科特和他的队员都将面临巨大的灾难。阿蒙森为5人的探险队准备了3吨补给品，而斯科特的17人探险队却只准备了1吨补给品。在抵达南纬80度并向目的地最终挺进时，对于阿蒙森探险队来说，即使是错过所有的补给站，他们所携带的补给品仍可维持 100 英里的行程。而斯科特则不同，到那儿时，所有的补给品都已经处于即将耗尽的状态，所以他们错过任何一个补给站都将带来灾难性的后果。一个凸显两人策略区别的细节是：斯科特只带了一支温度计作为关键的海拔测量设备，所以在不慎打碎后，他“大发雷霆并造成了严重后果”；而阿蒙森则带了 4 支温度计，以防出现意外情况。

阿蒙森不清楚摆在他面前的是一条什么样的路。他不了解准确的地形、山口的海拔，以及可能遇到的各种障碍。阿蒙森和探险队友可能会遭遇一系列的不幸事件。然而，对整个行程，他进行了系统的分析，以确定途中可能出现的各种重大事件和随机事件，以便最大限度地降低它们的影响。他假设他们可能会被困在某地方，并做好了应对这种情况的准备；他甚至做好了应急方案，以便在他自己出现意外时，其他探险队友仍能够继续前行。而斯科特没有做任何准备，只是在他的日记中抱怨运气不佳。“就天气而言，我们的运气太差了。”斯科特在他的一篇日记中写道。而在他的另一篇日记中，他又写下了这样的话：“我们遭遇了太多的厄运……运气是一个多么重要的因素啊！”

1911 年 12 月 15 日，明媚的阳光洒在广袤的白色大地上。伴随着轻微的侧风和零下 23 摄氏度的气温，阿蒙森最终抵达南极点。他和他的队友在那里插上了挪威的国旗——这面旗帜一插上便“迎风展开”，他们将这片高原献给了挪威国王。然后，他们立即行动起来。他们搭建了一顶帐篷，留下了一封写给挪威国王的信，在信中他们对这次探险活动的成功进行了描述。阿蒙森在信封上留下了地址和另一支探险队队长斯科特的名字（他认为斯科特及其探险队将成为第二批抵达南极点的队伍）。他之所以这样做，是因为担心自己的探险队在归程途中遭遇意外。但他没有想到的是，当时斯科特的探险队正在人拉雪橇的状态下缓慢前行，整整落后他们 360 英里。

一个多月后，即 1912 年 1 月 17 日下午 6 点 30 分，斯科特看到了阿蒙森插在南极点的挪威国旗。“这是一个糟糕的日子。”斯科特在日记中写道，“更令我们失望的是 4 到 5 级的逆风，以及零下 30 摄氏度的气温……伟大的上帝啊！这真是一个鬼地方，我们费尽千辛万苦，却未成为最先到达的人，这对于我们来说太糟糕了。”在同一天，阿蒙森早已向北前行了近 500 英里，距离南纬 82 度补给站仅有 8 天的行程。斯科特折回向北行进，此时他们距离其大本营还有超过 700 英里的路程，而且他们采用的是人拉雪橇的方式。当时适逢季节变化，天气状况变得更加恶劣，风越来越大，气温越来越低，而补给却越来越少，他们不得不在冰天雪地中艰难跋涉。

阿蒙森及其探险队在 1 月 25 日安全抵达大本营，而这一天也正是他当初计划的那一天。在耗尽了补给之后，筋疲力尽的斯科特在 3 月中旬被困，进而陷入绝望的境地。8 个月后，一支英国考察队在一个凄凉的、被大雪覆盖的小型帐篷中发现了斯科特及另外 2 名队员的尸体，而这里距离他们的补给站仅有 10 英里。

不同的行为，而非不同的环境

阿蒙森和斯科特之所以会获得截然不同的结果，并不在于他们面临的是完全不同的环境。在阿蒙森和斯科特各自出发后的前 34 天里，他们遇到好天气的概率是一样的，都是 56%。在同一年里，面对相同的目标和相同的环境，一支队伍取得了成功，另一支队伍走向了失败，导致这种情况的原因肯定不是环境。之所以会出现这样两种不同的结果，主要是因为他们表现出了截然不同的行为。

在我们的研究中，领导者也是如此。同阿蒙森和斯科特一样，我们选择的案例公司的领导者在同一时间应对相同环境的能力也并不都是很强大的。然而，有的领导者成了“10 倍速领导者”，而另外一些领导者则不然。10 倍速领导者是我们设定的一个术语，用来表示那些缔造了 10 倍速公司的人。在我们的研究中，我们发现 10 倍速领导者身上有一些共同的行为特征，而正是这些特征将他们同对比组案例公司的领导者区分开来。在本章中，我们会介绍这些特征，而在之后的章节中，我们将阐述 10 倍速领导者是如何引领和管理这些卓越公司的。

首先，让我们看一下 10 倍速领导者相对于对比组案例公司领导者而言，他们并不具有的优势：

他们并非更有创造性；

他们并非更有远见；

他们并非更有魅力；

他们并非更有雄心；

他们并非更好运；

他们并非更有冒险精神；

他们并非更有英雄情结；

他们并非更倾向于大刀阔斧的、大胆的举措。

需要指出的是，我们并不是说10倍速领导者缺乏强大的创造力、远大的雄心、大刀阔斧进行改革的勇气。所有这些特征在他们身上都有体现，但在不太成功的对比组案例公司的领导者身上，我们也都可以发现。

什么让10倍速领导者脱颖而出？首先，10倍速领导者秉承的是一种控制与非控制相统一的理念。

一方面，10倍速领导者知道他们长期面临无法控制的不确定性，他们知道自己无法准确预测周围世界可能发生的重大事件。另一方面，10倍速领导者认为他们所不能控制的力量或随机事件，并不会决定公司的结果；在他们看来，他们的命运完全掌握在自己手中。

其次，10倍速领导者通过一个核心行为三联体将这一理念引入生活中：严明的纪律、基于实证主义的创造性和具建设性的焦虑。而启发这三者的是其核心推动力——第5级雄心（见图2–1）。我们在本章接下来的内容中介绍的这些行为特征，与在混乱的、不确定的环境中取得10倍速发展的结果是息息相关的。严明的纪律确保10倍速公司在正常的轨道上运转，基于实证主义的创造性确保它们充满生机和活力，具建设性的焦虑确保它们继续生存下去，而第5

级雄心则提供了启发性动力。

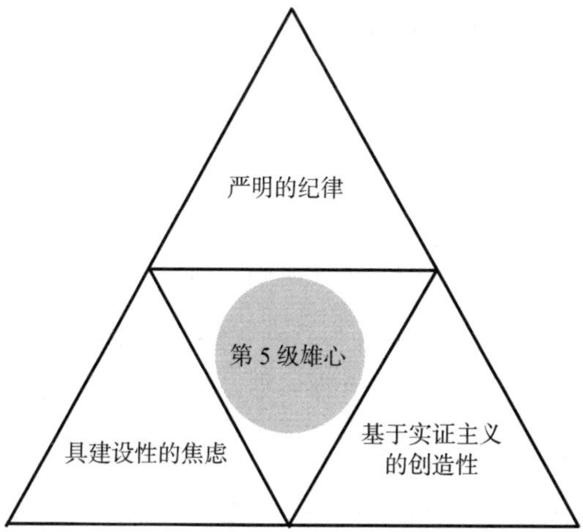

图 2–1　10 倍速领导力的构成

严明的纪律

在 20 世纪 90 年代末，前进保险公司的首席执行官彼得·刘易斯曾面临一个问题：公司股价疑受华尔街非理性的股票市场的驱使而出现大幅波动。1998 年 10 月 16 日，前进保险公司的股价每股飙升了近 20 美元，单日涨幅达到 18%。这一天，公司发生了什么具有根本意义的改变吗？没有。这一天，经济突然出现了震荡吗？没有。这一天，市场大幅上扬了 18% 吗？没有。对于前进保险公司来说，1998 年 10 月 16 日并没有发生任何具有重大意义的事件。然而，它的股价还是大幅上扬，达到了惊人的 18% 的涨幅。

在一个季度以后，即 1999 年 1 月 26 日，前进保险公司的股价每股暴跌了近30美元，单日跌幅达到19%。这一天，公司发生了什么具有根本意义的改变吗？没有。这一天，经济突然出现了震荡吗？没有。这一天，股市崩盘了吗？没有。对于前进保险公司来说，1999年1月26日并没有发生任何具有重大意义的事件。然而，它的股价还是大幅下跌，达到了惊人的19%的跌幅。

之所以出现这种波动，部分原因是彼得·刘易斯认为通过盈余游戏迎合华尔街是缺乏诚信的。他拒绝参与这一游戏，拒绝向分析师提供预期收益数据，因为这样一来，分析师就可以更可靠地“预测”公司的收益了。在刘易斯看来，这是一条捷径，是替代深度分析和调查工作的一种行为。此外，刘易斯还摒弃了公司应该“管理收益”的理念，即平滑各季度的收益，以防止收益波动过大对市场造成困扰。在他看来，这些把戏都是缺乏纪律的表现。但这也会导致一个问题。由于刘易斯拒绝所谓的“共赢模式”，即“我告诉你我们的收益，你再预测我们的收益，这样双方都会高兴”的模式，并且拒绝平滑收益，这导致分析师无法对前进保险公司的收益保持一贯的预测。正如一名分析师所抱怨的：“我或许应该投掷硬币。”

1998年10月16日，前进保险公司的每股收益超出分析师预测的44美分，所以引发股价大涨；1999年1月26日，前进保险公司的每股收益低于分析师预测的16美分，从而导致股价大跌。如果刘易斯仍然继续拒绝参与这一游戏，那么前进保险公司的股价仍将持续处于剧烈波动的状态，进而使交易者受到伤害。忽视这种风险就好比南极探险者忽视可能使其丧命的反常风暴一样。但选择妥协，又与刘易斯的原则相悖。那么，刘易斯会怎么做？

刘易斯拒绝了 A 选项（即忽视）和 B 选项（即妥协），他选择的是 Q 选项。前进保险公司成为第一家发布月度财务报表的纽约证券交易所上市公司。这将为分析师提供真实的业绩数据，而基于这些数据，他们可以更容易地预测公司的季度业绩。其他公司之所以屈服于这种指导游戏，是因为它们觉得别无选择，因为在它们的印象中，这种巨大的力量并不是它们所能控制的。但刘易斯将前进保险公司从这种困境中解放了出来。他接受了这些已经存在的压力，并通过惊人的努力减弱它们的影响。

这个故事与“纪律”有什么关系？

从根本上讲，纪律是指行动的一致性——价值的一致性、长期目标的一致性、绩效标准的一致性、方法的一致性和跨时间的一致性。纪律不同于管辖，不同于衡量，不同于等级服从或遵循官僚规则。真正的纪律需要独立的思想，要抵制压力，而且不可以因为压力而放弃价值、绩效标准和长期抱负。对于 10 倍速领导者来说，纪律的唯一合理形式就是自律；不管多么困难，领导者都要有一种不达目的决不罢休的心态，要拼尽全力创造卓越的结果。

就个人追求而言，10 倍速领导者是残酷无情、狂热偏执的，甚至是顽固不化的。他们不会对事件做出过度反应，不会屈从于大众，也不会急于追求诱人却不着边际的时机。他们有一种不屈不挠的坚韧精神，一方面他们不会背离自己的标准，另一方面他们不会做得过头。对如何更好地描述 10 倍速领导者体现出的这种纪律，我们的研究团队在进行讨论时产生了不同意见。大多数企业的首席执行官都具有某种程度的纪律性，但 10 倍速领导者所体现出来的是一种截然不同的纪律性。我们的结论是，10 倍速领导者不仅能做到遵守纪律，而且他们会更加严格地遵守纪律。刘易斯发布月度财务报告的决定同阿蒙森骑自行车从挪威到西班牙，以及生吃海豚肉的举动，是极为相似的。他们的行为根本就不符合常态。

西南航空公司的赫伯·凯勒尔坚定地认为，要维持一种士气高昂、充满乐趣且敢于打破旧习的文化，因为这样做才能够留住带有反叛的“武士精神”且充满激情的员工。凯勒尔非常清楚这样一个事实：如果人们能够在工作中找到乐趣，能够热爱他们的公司，那么他们自然而然地会提供一流的客户服务。西南航空公司最初只是位于得克萨斯州的一家仅拥有少量客机的小型通勤航空公司，如今，它已成为美国主要的客运航空公司之一。这种转变使这种文化的维系更加困难，但也更加重要。所以，凯勒尔成为践行这种文化的狂热典范。

“我敢打赌，”凯勒尔在接受《60 分钟》栏目采访时说，“在美国，我是唯一一个会在凌晨 2 点戴着花帽、围着长围巾、穿着紫色衣服前往维修机库的航空公司总裁。”在为某期《得克萨斯月刊》杂志拍摄封面时，凯勒尔身穿一身白色的套装，并将拉链拉开，袒胸露怀。封面上的他像猫王一样正在跳舞，而配图文字则是“赫伯疯了”。在与史蒂文斯航空公司发生行业标语所有权纠纷时，他和该公司的首席执行官解决纠纷的地点不是在法庭，而是在一个有数百名员工观看的竞技场，他所选择的解决问题的方式是掰手腕。对凯勒尔的各种怪癖，我们的研究团队略微改写了亨特·S. 汤普森的一句名言——在事情变得怪异时，怪异的人就会成为首席执行官。

但将兴趣仅仅集中在凯勒尔这种怪异的行为上，我们就会错失重点。他并不是纯粹为了搞怪，他的这种怪异行为具有一致性，而目的是给文化注入一种活力，这就像一个优秀的演员在舞台上完美表演一样。此外，他还是一个不折不扣的偏执狂，一心致力于将西南航空公司打造成一家高品质的廉价航空公司，并决意赢得与竞争对手的每一次比赛和每一场斗争。“在空余时间，我也工作，”1987年，凯勒尔解释说，“我一个星期工作 7 天，通常都工作到晚上八九点。”而在睡觉前，他还会通过阅读来充实自己——他家中的书数以千计。凯勒尔就像穆罕默德·阿里[①]一样，有异常强大的内心，但他也有一个异常夸张的外表。你或许会和凯勒尔一起大笑，就像是看阿里的新闻发布会一样，但如果你胆敢在擂台上和他对垒，那么你只会发现一个仰面朝天的自己。在对西南航空公司员工的一次讲话中，凯勒尔展现出了他这种竞争的残暴一面。他说：“如果有人说要掌掴我们，那么我们就要把他们打倒，猛踢他们，把他们踢到沟里，让他们永不翻身，我们要跨过他们的身体继续前进。”

同我们研究的每一位 10 倍速领导者一样，凯勒尔和刘易斯也都不是墨守成规者。他们有自己的价值观、目的、长期目标和严格的绩效标准；而为坚持这一切，他们有严明的纪律。即使这需要他们偏离正常的行为轨道，他们也在所不惜。他们不会因外来压力或者社会规范改变自己的坚持。在一个

① 穆罕默德·阿里，原名小凯瑟斯·马塞勒斯·克莱，美国著名拳击运动员、拳王。——译者注

不确定且极端恶劣的环境中，追随大众的疯狂是走向毁灭的最佳方式之一。

为什么他们会有这样独立的思考？这并不是因为他们天生就比其他人更大胆，也并不是因为他们比其他人更傲慢或更具反叛精神，而是因为他们更讲求实证精神，而这就是10倍速领导者三个核心行为中的第二个核心行为。

基于实证主义的创造性

1994年，时任英特尔首席执行官安迪·格鲁夫进行了一次常规抽血检查，但检查的结果令人担忧：PSA（前列腺特异抗原）指标为5，这表明在他的前列腺内可能存在一个方糖大小的肿瘤。医生建议格鲁夫首先去看泌尿科医生。大多数人会按照这一建议去做，但这并不是安迪·格鲁夫的做法。相反，他开始阅读医学专家写的供业内交流的科研论文。格鲁夫对文中数据进行了深入研究。PSA检测结果真正表明的是什么？这种生物化学的工作原理是什么？前列腺癌的统计数据是多少？各种治疗方式的优缺点是什么？此外，他还决定对“测试结果进行检测”，以确定其阅读的文献中的数据是否可靠。同时，为确定实验室的检测变化程度，他还将血液样本送到不同的实验室。在做完所有这一切之后，格鲁夫才联系了泌尿科医生。

但即便如此，格鲁夫也没有按照医生的建议来制订治疗计划。

在进行了核磁共振检查和骨扫描之后，他对治疗方案进行了更加广泛的研究，直接通过第一手资料寻找原始数据。他按照一本前列腺癌参考书的文献目录对其所引述的论文进行了搜集，并逐一阅读。然后，他又对该书出版后6到9个月内发表的科学文献进行了搜集，并从这些出版物中获得了更多的引述论文。白天，格鲁夫仍是公司兢兢业业的首席执行官，而在晚上，他则对各种治疗方案进行研究，绘制数据图表，参照不同的研究结果，试图弄清楚所有问题。他通过研究发现，医疗界对各种癌症的治疗方案存在着激烈的争论。格鲁夫最终意识到，他必须要绘制自己的决策树，确立自己的概率方程，并确定基于自己搜集的数据和逻辑推论而得出的治疗方案。“作为病人，你的生命和健康依赖于一种一致意见，”他后来在《财富》杂志撰文表示，“我意识到我必须要自己做一些跨学科的研究工作。”

活组织切片检查表明格鲁夫体内存在一个中度的恶性肿瘤。之后，他又把精力放在了接下来的治疗方案上。通常而言，癌症治疗涉及一个不同的组合方案——切除（外科手术）、灼烧（放射疗法）或以毒攻毒（化学疗法）；而每一种方案都有不同的副作用、不同的结果和不同的生存概率。此外，医生对某特定治疗方案通常也都有自己的偏见，这主要是受其专业的影响。传统手术疗法、冷冻手术疗法、体外放射疗法、种子疗法、高剂量放射疗法和综合疗法，均有各自的支持者。传统观念倾向于手术治疗，但基于自己搜集的证据，格鲁夫选择了一种不同寻常的疗法（综合放射疗法）。后来，格鲁夫回忆道：“我决定按照自己的牌赌一下。”

现在，你或许会想："天哪，这是一个多么傲慢的傻瓜！他竟然挑战医疗机构，他以为他是谁啊？"但换一种思维方式：格鲁夫发现医疗机构本身就处于极不稳定的状态中，而医生之间也存在不同意见。随着技术的迅速发展，这种不稳定状态和分歧也显得越来越明显。假设格鲁夫摔断了一条胳膊，如果不存在治疗上的不确定性，也不存在死亡的风险，那么他可能不会花费数百个小时来绘制数据图表。但由于面临严重的后果以及严重的不确定性，格鲁夫选择了所有10倍速领导者会选择的方案，直接转向实证证据。

社会心理学研究表明，在不确定性的情况下，大多数人会转而求助于其他人或物——权威人物、同行和群体规范，以期从别处获得下一步的基本提示。而与之相对的，在不确定的环境中，10倍速领导者则不会按照传统经验设定他们的前行路线，也不会因循其他做法，亦不会盲目听从权威人物和专家的建议。他们首先求助于实证证据。

在这里，重要的不是为了保持对立和独立而刻意地保持对立或独立。重要的是通过实证来夯实这种思想上的独立，确认这种创造性的本能。这里的"实证"，是指依赖直接观察、开展实验或直接接触证据，而不是依赖某种观点、突发的创意、传统的智慧、权威人物（的意见）或未经检验的概念。这种基于实证主义的基石可以让10倍速领导者采取大胆且具有创造性的举措，而且其风险可控。就自己的癌症治疗方案而言，安迪·格鲁夫采取的方法可以说是不同寻常的，甚至是具有创造性的，但这与他掌握的证据及其缜密的思维是密不可分的。

在筹划南极探险时，阿蒙森将他的大本营设在了其他人都未曾认真考虑过的一个地方。这一大胆举措使他的出发点距离南极近了 60 英里。所有人都认为麦克默多湾是南极探险的最佳出发地，其他探险者曾经在这里设置大本营，而事实也证明这里的确是一个稳妥之地。但阿蒙森看到了另外一个选择——鲸湾（Bay of Whales）。其他探险队的领队认为鲸湾的冰层不牢固，在这里设立大本营是一个鲁莽之举。阿蒙森搜集了在其之前的探险队提供的笔记和日志，这些资料最早可追溯到 1841 年的罗斯探险队。阿蒙森对搜集到的资料进行了详细认真的分析。在此过程中，他专注于证据，记录了这些资料的相同和差异之处，并对所有选项进行评估。阿蒙森发现了一个很有趣的事情，而这个事情恰恰是其他人所忽略的，因为传统观念让他们对鲸湾产生了一种不信任感。这个有趣的发现是，该区域有一个穹状地形在 70 年里从未发生变化。阿蒙森由此得出结论，认为这一特殊区域实际上是一个稳定的据点。对这个决定，亨特福德在书中是这样写的：“阿蒙森是第一个得出明显结论的人，因为他是第一个研究资料的人……他这样的人很少见，他是理智的极地探险者。基于这种考察证据的能力，他做出了符合逻辑的推理。”

通常而言，在采取行动上，10 倍速领导者不见得比那些不太成功的领导者更大胆；这两组人都会下很大的赌注，而且在需要的时候，他们都会采取激进的行动。另外，10 倍速领导者的信心也不见得高于那些不太成功的领导者。事实上，在大多数情况下，那些不太成功的领导者比 10 倍速领导者显得更自信。但 10 倍速领导者的决定和行动具有更坚实的实证基础，因而他们的信心是有根据的，他们所面临的风险是可控的。

10 倍速领导者的犹豫不决是不是因为他们对实证的重视？事实并非完全如此。在获取证据之后，格鲁夫即刻制订了癌症治疗方案，如同阿蒙森果断决定在鲸湾设置据点一样。相比于采取行动，10 倍速领导者并非更喜欢分析问题，实际上，他们更倾向于以实证主义为基础采取果断行动。

然而，即使有基于实证的信心，10 倍速领导者也从不会有安全感或舒适感。事实上，他们对这个世界上可能发生的事情仍感到害怕，甚至恐慌。所以，他们做好了正面应对最坏情况的准备，而这就是我们所说的第三个核心行为。

具建设性的焦虑

1986 年年初，微软领导层与承销商、律师齐聚一堂，共同筹划首次公开发行股票的公告。承销商和律师考虑的是不利的一面，他们要做的就是充分描述投资者所考虑的风险，因而会与微软的领导层产生冲突。但与他们谈判的并不是只知道描绘未来宏伟蓝图的、过分乐观的企业领导，而是一位“末日博士”，他就是时任微软副总裁的史蒂夫·鲍尔默。鲍尔默大谈特谈各种不利场景，风险、危险、危害、死亡、严重的袭击、不幸和灾难，等等。各种令人恐惧的可能性被摆上台面，承销商一一记下。最后，会谈以“消化”所有这些不利场景为由暂停，一名承销商对鲍尔默说：“这是一个糟糕的日子，我不愿意再听您说了。”

在具建设性的焦虑大师比尔·盖茨的指导下，鲍尔默成为“忧虑”的代表人物。早前，鲍尔默放弃其在斯坦福商学院的学业，加入他这位朋友的创业公司。后来鲍尔默回忆道，他对公司的增长做过一些计算，认为微软需要招聘 17 名员工。对此，盖茨大发脾气：17 个人？鲍尔默是想让这家公司破产吗？ 17 个人？没门儿！ 17 个人？微软决不能陷入财务困境！ 17 个人？微软要在没有一分钱收入的情况下保持足够的现金流，以维持一年的运营，一整年的运营！

“恐惧应当引导你，但这种引导应当是潜在的。”盖茨在 1994 年时说道，“我认为失败是常态性的。”他在办公室里挂了一张亨利·福特的照片以提醒自己，即使是最伟大的企业，成功也会成为过去，这就好比福特在汽车业发展初期就被通用汽车超越一样。他总在担心下一个比尔·盖茨的出现：一个不同寻常的高中生每天坐在一间凌乱的小型办公室里工作 22 个小时，而结果就是，他会对微软发射出致命的鱼雷。

盖茨在众所周知的“梦魇备忘录”中展现出他的这种恐惧心理。在 4 天内，即 1991 年 6 月 17 日到 6 月 20 日，比尔·盖茨的个人财富缩水超过 3 亿美元，而原因就是《圣何塞信使报》披露了一份关于“梦魇”场景的备忘录，它导致微软股价大跌 11%。这份由盖茨自己写的备忘录列举了一系列的担忧和威胁——关于竞争对手的、技术的、知识产权的、法律案例的，以及微软客户支持方面的缺点，并声称“我们的梦魇……是一个现实”。需要指出的是，在写这份备忘录的时候，微软正迅速成为所在行业内最有实力的竞争者，而其 Windows 操作系统也即将成为有史以来最具优势的软件产品之一。任何了解盖茨的人都知道这份备忘录并不是一个变化的信号，他一直都生活在恐惧中，一直都觉得容易受到伤害，而且他还会继续这样做。“如果我真认为我们是所向披靡的，”他在梦魇备忘录被披露一年后表示，“我想我会休更多的假期。”

与盖茨形成鲜明对比的是约翰·斯卡利。在 20 世纪 80 年代中期到 20 世纪 90 年代初的这段对比时期内，他是苹果的主要掌舵人。1988 年，苹果取得了辉煌的业绩。《今日美国》报道：“苹果并不仅仅在回弹——它的这种回弹速度超过了自 1983 年以来的任何一个时期。在过去的 3 个季度里，公司收入同比增长 50% 以上，而净收入的增长则超过 100%。按照此种增长速度，这家电脑制造商只需两年便可实现销售和净收入比 1988 年翻一番的目标。”而斯卡利是如何反应的？他有没有担心过苹果这种极大的成功可能会带来某种厄运？

他宣布休假 9 周。

9 周！

说句公道话，斯卡利并未打算完全消失长达 9 周；在此期间，他仍然参加董事会会议，会见证券分析师，并出席 MacWorld 大会等。但这与盖茨对成功的反应依然形成鲜明对比，因为盖茨有着深深的忧虑，而且还下发了梦魇备忘录。《今日美国》在同一篇文章里引述了斯卡利的话，“团队已经安排就位，一切都在飞速发展中，所以我去钓鱼”。

1989年，苹果的股本回报率开始下滑，从1988年的近40%一直跌至1994年的13%（斯卡利此时离职），并在1996年转为负增长。在史蒂夫·乔布斯于20世纪90年代末重返公司前，苹果一直处于高速下行状态。我们并不是说休假导致了苹果的衰退，也不是说约翰·斯卡利懒惰（在全身心投入时，他展现出了高产出的工作热情），而与之相对的，不管微软如何成功，盖茨都表现出了一种具建设性的焦虑。而这正是我们进行对比的目的。

10倍速领导者与不太成功的领导者的区别在于，无论是在繁荣时期还是在衰退时期，他们都保持着高度警惕的状态。即使是在平静的、清晰的、积极的环境条件下，10倍速领导者也会时刻考虑发生不利事件的可能性。事实上，他们认为，在某种极其不便的时刻，在某个不可预测的时间点上，环境条件会在毫无征兆的情况下发生不利变化，这是百分之百可以确定的，而他们最好先做好充分的准备。

在最近的3次经济衰退中，西南航空公司的赫伯·凯勒尔预测到了11个事件；英特尔的安迪·格鲁夫总是“在希望中寻找乌云”；安进的凯文·沙雷尔在办公室里挂了一幅乔治·A.卡斯特将军（在小巨角战役中，他的部队遭遇大溃败）的肖像画，以此来提醒自己过分自信将会导致灾难；比尔·盖茨在微软发布梦魇备忘录。所有这些都表明，10 倍速领导者有一个一贯的模式：“拥抱”各种可能的危险，从而使自己在克服危险方面占据有利位置。

让 10 倍速领导者脱颖而出的并不是焦虑本身，而是基于这种焦虑所采取的有效行动。如果恐惧能够转化为充分的准备、坦然处之的态度，以及头脑清醒的行动，即我们所说的“具建设性的焦虑”，那么这种焦虑就会发挥巨大作用。（我们在这里所讲的并不是临床上的焦虑症，我们所说的焦虑是 10 倍速领导者所体现出的一种行为，即将过分警惕转变为充分的准备和具建设性的行动。）盖茨不会只坐在那里写梦魇备忘录，他将恐惧转化为行动，而这种行动就是降低工作场所成本、招募优秀人才、建立现金储备，以及不断推出新的软件产品以保持领先优势。如同阿蒙森准备了数量庞大的补给品一样，10 倍速领导者也维持着保守的财务状况，不停地寻找现金流以应对各种不可预测的突发事件。如同阿蒙森对未经实证的方法和技术保持着高度警惕一样，10 倍速领导者也会竭力避免有可能把他们引向灾难的不必要的风险。如同阿蒙森一样，10 倍速领导者做了慎重的、井然的、系统性的准备，他们也在不断地问“如果出现意外怎么办”，而这正是他们能够在不确定的严酷环境中取得成功的原因。

10 倍速领导者所秉承的具建设性的焦虑并不仅是为了规避危险，在生命中寻找到一条最安全和最快乐的道路，而是致力于达成一个伟大的目的，这可能是一个目标、一家公司、一种可以改变世界的雄心壮志或者一种可以在极端环境中发挥效用的欲望。事实上，作为一种生活方式，他们担心的不是如何保护他们所拥有的，而是如何创造和建立真正卓越的、超越他们自身的事物，这就涉及 10 倍速领导者的三个核心行为背后的驱动力。

第 5 级雄心

最初，我们在想："为什么有人愿意和这些人一起共事？"他们看起来似乎有些极端：焦虑、不合常规、独立、沉迷、偏执、不知疲倦，等等。在早期的研究对话中，我们给他们贴上了 PNF 的标签，意为"焦虑的、神经质式的怪人"。但事实是，他们吸引了成千上万的人加入他们的人生追求中。如果他们只是怪异、自私、不合群且天生焦虑，那么他们不可能打造出真正卓越的组织。为什么人们会追随他们？这是因为他们创立了一种极具吸引力的雄心模式：10 倍速领导者将他们的这种自我意识和紧张感转变为一种比他们自身更伟大、更持久的事物。他们雄心勃勃，无可否认，他们的目的超越了他们自身：建立一家卓越的公司、改变这个世界，或者实现一个最终与他们自身并无关联的伟大目标。

1992 年，《商业周刊》刊发了一篇关于首席执行官薪酬和公司业绩之间关系紧密程度的特别报道。巴奥米特（这是我们研究中的一家 10 倍速公司）的首席执行官戴恩·米勒排名第一，其薪酬中每一美元所产出的价值超过其他任何一位首席执行官。而他并不是只有一年取得如此佳绩。在《福布斯》、《商业周刊》和《首席执行官》等杂志的评选中，他在超过 10 年的时间里一直位居前列——虽然并非每次都是第一名，但至少排在前几名。需要指出的是，20 世纪 90 年代是一个加速点，当时公司高管的薪酬开始呈螺旋式上升的趋势，而原因就在于股票期权：如果公司业绩表现优异，那么首席执行官会获得高额收益；但如果公司业绩表现糟糕，那么他们也不会遭受任何大的损失。米勒当时的股票期权是多少？零。他的员工有股票期权，但他没有。他只持有自己公司的股本，所以他的个人财富与公司业绩表现的好坏是直接相关的。从这种意义上讲，相对于商业规范，米勒可以说是世界上薪酬最低的首席执行官。

然而，米勒并不计较这些，他心中只有感激。2000 年，他表示要把自己的生命奉献给巴奥米特公司和他的家庭。“在我的生命中，我不想做任何其他事情。”米勒说，“我是在真正享受每一天的生活。没有什么其他事情比我现在所做的事情更有乐趣，更让人感到兴奋。”若以价值创造为衡量标准，他是世界上薪酬最低的首席执行官。对那种只有好处没有坏处的大规模的期权奖励，他给予了严厉的抨击：只是为了更多而给出更多，意义何在？“多给 10 万股，其增量价值是多少？”他颇为不屑地表示，“在某种意义上，你只是满足于一种无法控制的贪婪心理。”

在《从优秀到卓越》中，我们谈到了第 5 级经理人：他们是个性谦逊和意志坚定的强大结合体。在我们的研究中，任何一个从优秀到卓越的转变，都始于一个第 5 级经理人的出现。他们不会把重心放在自己身上，他们保持着低调，靠的是鼓舞人心的标准而不是鼓舞人心的人格特质。从表面上看，有些 10 倍速领导者似乎并不像第 5 级经理人。凯勒尔具有古怪而张扬的个性，他经常通过荒唐可笑的举动来吸引眼球。彼得·刘易斯也是如此。在翻阅刘易斯时代的前进保险公司的历史文件时，我们看到了一系列对他的描述词——“十足怪物”“怪人”“典型的圣像破坏者”“野人”“古怪之人”“偏离常规之人”“没有任何音乐细胞的摇滚明星”“你永远都无法让他烦”。在一次致股东的年信上，他颇为古怪地写了三个词“快乐、友爱、宁静”。在一次万圣节举行的董事会上，他一身独行侠的装扮，大步踏入会议室，并用玩具枪朝着播放《威廉·退尔》序曲的音箱发射。他完全把自己当成了一个面具人。通过对研究资料的分析，我们发现刘易斯就像一个继承了家族企业的青春期叛逆少年，他执着于自我，并将这家公司转变为如青春期奇幻类 B 级电影中快乐至上的派对屋。

尽管刘易斯有着各种怪癖，而且有时候会有一些极其反常的行为，但他始终执着于一个压倒其他所有目标的目标，那就是把前进保险公司打造成为一家真正卓越的公司。而且，他打造的是一家即使没有他，也能够保持卓越的公司。在 2000 年刘易斯卸任并进行了平稳交接之后，前进保险公司仍保持继续增长，仍保持对竞争者的优势，而且公司股价仍旧继续上涨，并维持了高股本回报率。刘易斯是不是一个非常自我、有着丰富个性的人？是的。他是不是一个成熟的人，所以最终才能将这种自我化解，并打造出一家即使没有他，也能够保持卓越的公司？是的。

10 倍速领导者身上体现出了第 5 级经理人最重要的特征：他们有令人难以置信的勃勃雄心，但他们的这种雄心首先是为了事业、为了公司、为了工作，而不是为了自己。《从优秀到卓越》主要关注的是第 5 级经理人谦逊的一面，而本书重点关注的是他们异常坚定的意志。

有时候，10 倍速领导者会使用冠冕堂皇的词语来描绘他们的事业，但他们也会竭力避免个人主义色彩。20 世纪 70 年代中期到 80 年代中期，担任英特尔首席执行官的戈登·摩尔虽然是该公司的创建者，但他一向都很低调。尽管如此，他还是会对英特尔的未来进行恢宏的描述，表示微电子将对社会的方方面面产生革命性的影响。1973 年，也就是在英特尔成立满 5 年的时候，摩尔说："我们是当今世界上真正的革命者，而非几年前那些留着长发和胡子在校园里搞破坏的孩子。"戈登·摩尔虽然低调，却建立了一家卓越公司——一家在彻底变革人类文明运转方式的过程中发挥了催化作用的卓越公司。

如果将注意力放在戈登·摩尔的低调上或刘易斯和凯勒尔的高调上，你就会错失重点。关键的问题是，你奋斗的目标是什么。10 倍速领导者，可以不显山露水，也可以保持鲜明的个性；可以缺乏魅力，也可以极具吸引力；可以低调，也可以高调；可以平常到迟钝，也可以张扬到怪异。所有这些都不重要，重要的是，他们能够全身心地投入一个超越自我的事业。

拿我们所研究的 10 倍速领导者来说，他们的目标都不仅是取得成功。他们不用金钱来定义自己，不用名声来定义自己，也不用权力来定义自己，他们用影响力、贡献和目的来定义自己。即使是雄心勃勃的比尔·盖茨，他的主要驱动力也不是个人的自我满足。在盖茨的职业生涯初期，也就是微软开始加快发展时，他的一位朋友这样评价道："比尔把全部精力都投入微软。微软就是他的'长子'。"通过 25 年的不懈努力，他最终将微软打造成为一家卓越的公司——它致力于推出功能强大的软件，并为计算机的普及而努力。然后，他对妻子梅琳达说："我们怎样才能将我们所拥有的资源发挥到极致，以造福千千万万的人？"于是，他们开始设定大胆的目标，而其中之一就是彻底消除疟疾。

如何成为 10 倍速领导者?

我们在想，10 倍速领导者的成长过程是否存在相似之处。而或许正是因为这种相似，才使得他们在不确定的环境中取得巨大成功。比如，史赛克公司的约翰·布朗是在田纳西州的乡村长大的，早年，布朗一家一直在为解决温饱而挣扎。"这种朴实的成长背景使人把关注的重点放在最基本的问题上。"他后来回忆说，"我经历了这种底层社会的生活，所以我不会为各种名利所累。"布朗是在田纳西州的贫困乡村长大的，后来他成为化学工程师，再后来成为成功的首席执行官。或许正是这种经历让他具备了一种阿蒙森式的、能克服各种困难的自律。

但并非所有的 10 倍速领导者都是在艰苦环境中长大的。赫伯·凯勒尔成长在一个殷实的中产阶级家庭，他的父亲是以稳健见长的金宝汤公司的经理。凯勒尔在卫斯理安大学攻读哲学和文学，并担任学生会主席，后就读于纽约大学法学院，是一名法律评论员，之后任新泽西州最高法院书记员。彼得·刘易斯成长在俄亥俄州克利夫兰一个富有的家庭，就读于普林斯顿大学，后接管家族企业。

此外，我们发现部分对比组案例公司的领导者也有着艰难的成长经历。约翰·布朗出生在社会最底层，而与之相对的领导者——美国外科医疗公司的利昂·赫希，也同样出身贫寒。高中毕业后，他先是接手一家即将倒闭的做干洗设备销售的公司，后来才创建美国外科医疗公司。美国超微半导体公司（AMD）的杰里·桑德斯成长在芝加哥一个黑帮横行的社区，在一次足球赛结束后的派对上，他遭遇了一个意外事件。桑德斯帮助一个与黑帮头目进行街头斗殴的朋友，这个朋友最终脱身，而桑德斯则陷入了混战。黑帮成员对桑德斯发起群殴，他的鼻骨、颌骨和颅骨骨折，而身上也留有多处被啤酒罐开瓶器刺破的伤痕。最后，他被扔进了一个垃圾桶里。由于失血过多，医院甚至请来了牧师为他做临终祷告。

简而言之，就成长背景来说，我们没有发现10倍速领导者相对于对比组案例公司领导者的一致模式。10倍速领导者或成长于贫困家庭，或成长于富裕家庭，或成长于一般家庭。此外，我们也未发现他们最初就是10倍速领导者，有的10倍速领导者经过长期的磨炼才最终发展、形成了他们的领导力。赫伯·凯勒尔在其职业生涯早期曾做出过一些非常糟糕的决定，比如收购Muse Air航空公司。彼得·刘易斯在职业生涯的30年里走的是一条巨大的成长弧线，而且他也做出过一些代价高昂的错误决策。安进公司的创始人乔治·拉思曼最初并未展现出 10 倍速领导者的天赋，由于被医学院拒绝，他最终选择了 B 计划——化学。拉思曼在 3M 公司工作了 21 年，“虽然业绩突出，但从未被视为明星员工”（《商业周刊》报道）。后来拉思曼又加入了利顿工业公司。在利顿，他为公司混乱的并购文化所困扰，并在后来回忆说：“我在被解雇之前率先离开了那里。”

在将 10 倍速领导者的核心行为告知我们的学生、前研究团队的成员和具有评判性思维的读者之后，我们收到了一系列的反馈问题：“10 倍速领导者的核心行为是可以学习的吗？”“每个人都可以成为 10 倍速领导者吗？”“成为一个 3 倍速领导者而非 10 倍速领导者是否也可以？”“是否只有成为 10 倍速领导者才能在混乱的世界中生存下来？”“10 倍速领导者快乐吗？”我们了解了这些问题，但我们的研究方法并不适合回答这些问题。

这也就是说，我们认为你并不需要这些问题的答案。在接下来的章节中，我们会对 10 倍速领导者的这三个核心行为进行阐述，为你提供这些卓越领导者在打造他们的公司时所采用的实用方法。如果你的企业能够完全践行这些理念和实践，那么它很有可能成为一家由 10 倍速领导者所领导的公司。我们的指引是非常简单的：学习和运用 10 倍速领导者的实践经验，打造真正卓越的组织，创造一流的业绩，产生卓尔不群的影响力，并实现长久发展。这个世界上有很多成功人士，但能够产生 10 倍速影响力、打造真正卓越公司的人却屈指可数。

小　结

关键点

- 我们将研究中的成功的领导者称为“10倍速领导者”，因为他们打造的企业的业绩表现至少是所在行业平均值的10倍。
- 阿蒙森和斯科特史诗般的南极探险赛是我们研究问题的一个理想类比，充分展现了10倍速领导者与其对比组案例公司领导者之间的差别。
- 头脑清醒、坚忍克己的10倍速领导者坦然接受这样一个事实：他们面临无法控制的力量，他们无法准确预测各种事件，他们认为这个世界没有什么是可以确定的。然而，他们也完全拒绝这样一个理念，即运气、混乱或其他任何外在因素将决定他们的成功。
- 10倍速领导者展现出了三种核心行为，而这三种核心行为将他们同那些不太成功的对比组案例公司的领导者区分开来。
    - 严明的纪律：10倍速领导者表现出行动上的极端一致性——价值的一致性、目标的一致性、绩效标准的一致性和方法的一致性。他们残酷无情、狂热偏执，而且始终坚定地致力于他们的追求。
    - 基于实证主义的创造性：在面临不确定的情况下，10倍速领导者主要依靠的不是他人，不是传统智慧，不是权威人物，也不是同行，他们主要依靠的是实证证据。他们依赖的是直接观察、实践实验，以及与实证证据的直接接触。

他们基于充分的实证基础而做出大胆的、创造性的举措。

- 具建设性的焦虑：10 倍速领导者保持着高度的警惕，对所处环境中的威胁和变化也有着充分的准备，即使是在，也尤其是在，一切进展顺利的情况下。他们假定条件会朝着不利于他们的方向发展，并充分考虑可能出现的最坏的情况。他们将恐惧和担忧付诸行动，准备和制订应急方案，打造缓冲地带，并维持有足够回旋余地的安全边际。

▸ 支撑 10 倍速领导者这三种核心行为的是一种驱动力：对事业或公司的激情和雄心，而这种激情或雄心是超越个人的。他们有自我意识，但这种自我被导入他们的公司和他们的目标中，而非用于扩大个人的权势。

意外发现

▸ 严明的纪律并不等同于管辖、衡量、对权威的服从、对社会结构的坚持或对官僚主义规则的遵从。真正的纪律需要精神上的独立，需要在面对群居本能和社会压力时有保持前后一致的能力。严明的纪律通常意味着要成为一个“不守成规者”。

▸ 基于实证主义的创造性给予 10 倍速领导者一种信心，而在外人看来，这种信心或许只是一种有勇无谋的莽撞；事实上，实证验证既可以让他们采取大胆举措，又可以将风险控制在一定范围内。以实证为基础并不意味着优柔寡断。10 倍速领导者并非喜欢分析胜于采取行动，他们喜欢以实证主义为基石采取果断行动。

- 具建设性的焦虑可以确保有创造力的行动。10倍速领导者假想最坏的情景，并为之做好充分准备。这样一来，他们就能最大限度地降低因破坏性事件或巨大不幸而阻止他们进行创造性工作的概率。

关键问题

- 按照你自己的情况，对10倍速领导者的三种核心行为，严明的纪律、基于实证主义的创造性和具建设性的焦虑，进行强弱排序。你怎样才能将你的弱项转变为你的强项？

第三章

“日行 20 英里”征程

若想选择自由，纪律就是绝对的自由。

——罗恩 · 塞里诺

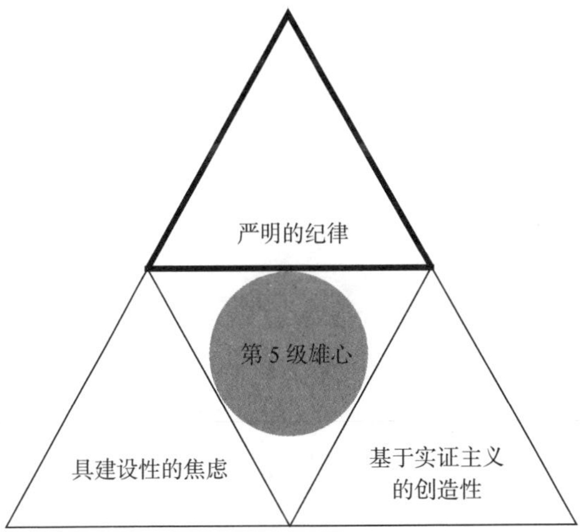

假设你有机会投资 A、B 两家公司中的一家。这两家公司都是小公司，都属于快速增长的新兴产业，它们依靠颠覆性技术，在迅速增长的客户需求的推动下蓬勃发展。它们有着相似的产品线，相似的客户群，面临着相似的机遇和威胁。它们是近乎相同的两家公司。

在接下来的 19 年里，A 公司将实现 25% 的净收入年平均增长率。

在接下来的 19 年里，B 公司将实现 45% 的净收入年平均增长率。

现在停下来想一想：你会选择投资哪家公司？

在没有额外信息的情况下，包括我们在内的大多数人都会选择投资 B 公司。

现在，我们再多给出一些信息。

在此期间，A 公司净收入增长的标准差（这反映了公司经营状况波动的程度）是 15 个百分点。

在此期间，B 公司净收入增长的标准差是 116 个百分点。

A 公司将保持稳定、可控的增长，在 19 年里有 13 年的增长率保持在 30% 以下，然而几乎每年都在 20% 或 20% 以上。相比于 A 公司，B 公司的增长模式波动更大，而且也更不可控。在 19 年里有 13 年的年度净收入增长率超过 30%，净收入增长率的跨度从 313% 到 –200%。

现在，你可能会觉得投资 A 公司比投资 B 公司更好，尽管 B 公司总体上增长得更快。你的这个选择是正确的。但问题是，投资 A 公司比投资 B 公司到底好多少。让我们看一下图 3–1。

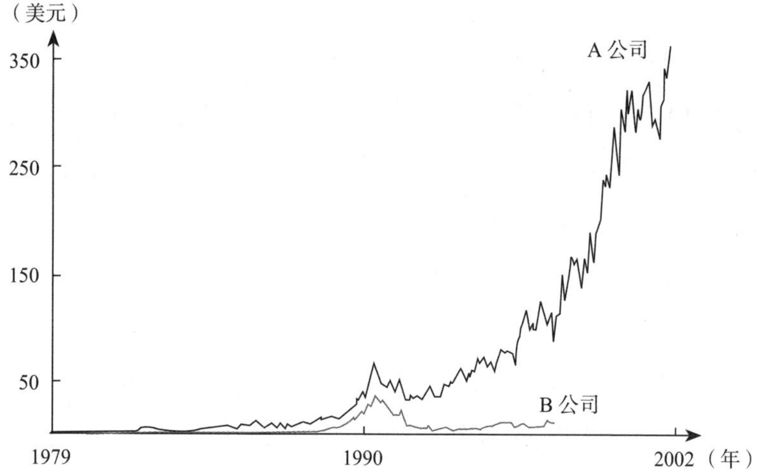

图 3–1　对 A 公司和 B 公司投资 1 美元的价值增长曲线图

注：在本书中，股票收益计算的数据均源于 ©200601 CRSP®，经芝加哥大学布斯商学院证券价格研究中心授权使用，其保留所有权利。见 http://www.crsp.chicagobooth.edu。

A 公司是史赛克，B 公司是美国外科医疗公司。如果在 1979 年年底投资史赛克（当年，该公司的股票首次公开发行），并一直持有至 2002 年，那么每 1 美元投资的回报超过 350 倍。而若在相同时间投资美国外科医疗公司，那么到 1998 年，每 1 美元投资所产生的累计回报还不及一般股票市场，再之后，它完全从图表上消失了。尽管保持着非同寻常的增长，但美国外科医疗公司最终还是被收购，永远失去了发展成为卓越公司的机会。

约翰·布朗“日行 20 英里”征程

假设你现在位于背靠太平洋水域的加利福尼亚州圣迭戈，准备向内陆方向前进。你将开始一段长达 3 000 英里的行程，从圣迭戈一直走到位于东北面的缅因州。

第一天，你前行 20 英里，走出市区。第二天，你继续前行 20 英里。第三天，你又前行了 20 英里，进入酷热的沙漠地带。那里烈日炎炎，气温超过 38 摄氏度，你希望在你的帐篷里休息、乘凉，但你不能，你必须起来，坚持前行 20 英里。

你要保持速度，每天前行 20 英里。

然后，天气变得凉爽起来。在舒适的环境下，迎着微风，你可以走得更远。但你并没有贸然前进，而是对自己的状况进行了调整。你一如既往，前行了 20 英里。

然后，你进入风雪交加的科罗拉多高山区，这里的气温低于零摄氏度，而你唯一想要做的就是待在帐篷里。但你必须起来，准备好一切，前行 20 英里。

你一直保持着这样的速度——20 英里、20 英里、20 英里。然后你进入平原区。这里春光大好，你完全可以每天走四五十英里。但你没有这样做，你继续保持着之前的步伐，每天行进 20 英里。

最终，你抵达缅因州。

现在，假设另一个人与你同一天从圣迭戈出发。由于对此次行程感到兴奋，他第一天就走了 40 英里。

第一天的长途跋涉让他感到筋疲力尽，而第二天他遭遇了高达

38 摄氏度的气温。他决定先在当地逗留一段时间，等到天气转凉后再走。他想："在天气好起来之后，我会赶上的。"在此次穿越美国西部的旅程中，他一直保持着这种行进模式，即在天气好的时候多走一段路，而在天气不好的时候，躲在帐篷里抱怨、等待。

在进入科罗拉多高山区之前，他遇上了好天气，其间，他全力以赴，每天前行四五十英里，以弥补先前落下的行程。但之后，在他筋疲力尽时却遭遇了严冬的暴风雪。恶劣的天气几乎让他付出了生命的代价。他蜷缩在帐篷里，等待着春天的到来。

在春天最终到来时，身体虚弱的他再次踏上行程，踉踉跄跄地朝着缅因州方向跋涉。在他进入堪萨斯城的时候，你已经凭借每天行进 20 英里的速度率先抵达缅因州。你获得了胜利，而且遥遥领先。

现在，我们把史赛克想象成一家"日行 20 英里"的公司。

约翰 · 布朗在 1997 年担任史赛克公司首席执行官后，特意制定了一个绩效基准，以实现公司的持续发展：史赛克公司每年实现 20% 的净收入增长。这并不仅是一个目标、一个愿望、一个希望、一个梦想或一个愿景。用布朗的话说，这是一条"法律"，他将这条"法律"牢牢地植根于公司文化之中，使它成为一种生活方式。

布朗创立了"通气管奖"，以奖给那些落后的人；20% 是水位标志，而如果你处于水位标志以下，你就需要一个通气管。试想一下，你从约翰 · 布朗那里收到一个装备好的通气管，你要把它挂在墙上。这样一来，所有人都会知道你正面临溺水的危险。人们努力工作，以避免将通气管挂在墙上。

设想你参加一家大型公司的会议。你走进主宴会厅后发现各销售区是按绩效被安排座位的。那些完成“日行 20 英里”任务的销售区的人被安排坐在宴会厅的前排座位，而那些业绩不达标的人则被安排坐在宴会厅的后排座位。

史赛克公司的年度部门评审会议包括与董事长共进早餐，那些完成“日行 20 英里”任务的人会与约翰·布朗坐在同一张桌子前就餐，而那些未能达标的人则在其他地方就餐。“他们的早餐非常丰盛。”布朗说，“但那并不是你想去的地方。”

如果你所在的部门连续两年未达标，那么布朗会亲自介入，不分昼夜地“帮助”你重回正轨。“我们将就如何解决问题达成一致意见。”一向低调的布朗表示。你非常清楚自己并不是真的需要约翰·布朗的帮助。《投资者商报》表示：“约翰·布朗不想听任何借口。市场不景气？货币汇率侵蚀业绩？这都不重要。”在史赛克公司于欧洲面临的挑战中，货币汇率是其中之一。一名分析师在描述这些挑战时指出：“很难确定‘问题’在多大程度上是由外部原因造成的。但在史赛克公司，这是毫不相干的。”

自约翰·布朗于 1977 年成为公司首席执行官起一直到 1998 年（当年，其对比组案例公司美国外科医疗公司，不再是上市公司），除 1990 年的非凡业绩外，史赛克在超过 90% 的时间里实现了“日行 20 英里”的目标。然而，除了这种自我施加的压力，史赛克公司还有一种同样重要的、自我施加的约束力：决不走得太远，决不在单一年份增长得过快。想一想，如果你的直接竞争对手的增速高于你的公司，那么那种来自华尔街的增速压力会有多大？《华尔街手稿》(*Wall Street Transcript*)报道，在超过一半的时间里，史赛克公司的增长速度实际上是不及美国外科医疗公司的，而一些观察人士也由此批评布朗缺乏进取心。他们认为，史赛克公司应该在景气年份加快增长步伐。尽管面临这种批评，但是布朗有意识地选择了维持“日行20英里”的方式。

> 约翰·布朗知道，要想保持始终如一的业绩表现，你需要遵循“日行20英里”的两个部分：下限和上限，即可以克服的障碍和不能超越的上限，既要实现雄心，又要控制自我以限制增速。

要说与史赛克公司形成鲜明对比的，非大起大落的美国外科医疗公司莫属。1989年，美国外科医疗公司实现销售收入3.45亿美元；1992年，它的销售收入达到12亿美元，在短短3年内增长248%。美国外科医疗公司积极追求增速，下注新的缝线生产线，目标直指强生公司的爱惜康部门（要知道，后者控制着80%的缝线业务）。当时，即便占有10%的市场份额，也会使美国外科医疗公司的销售额增加40%，但该公司的创始人利昂·赫希对如此小的份额嗤之以鼻，不无嘲讽地表示：“如果我们仅仅获得10%的缝线市场份额，那么我会非常失望，而爱惜康会得意扬扬。”美国外科医疗公司加大了在医院的库存，由于数量过于庞大，以至《华尔街日报》报道称：“基于美国外科医疗公司一向积极的市场策略，一名旨在提升库存量的销售员，在一家医院的仓库里藏了大量库存，以致假天花板都被压塌了。”此外，基于腹腔镜检查仪在胆囊手术中的迅速应用（腹腔镜检查属于微创手术技术），该公司取得了爆炸式的增长。之后，由于腹腔镜检查仪又被应用于其他诸多手术中，该公司的增速进一步加快。

但接下来，美国外科医疗公司却遭遇了一系列重击。克林顿政府的医疗保健改革带来了一种不确定性，医院开始减少采购量。除了胆囊手术外，医生对新型腹腔镜检查仪的热情远低于先前的预期。竞争对手强生公司在缝线领域展现出了强大的实力，并重新夺回了该业务的大部分市场份额。此外，强生对美国外科医疗公司的核心业务腹腔镜检查也发起了进攻，在短短 3 年内取得了 45% 的美国市场份额，这直接导致了美国外科医疗公司的收入下降。1997 年，美国外科医疗公司的收入仍然维持在 1992 年的峰值之下。1998 年年底，美国外科医疗公司已不再作为一家独立公司而存在，它被泰科公司（Tyco）收购了。

出乎我们意料的“日行 20 英里”

在开始这项研究时，我们认为可能会看到 10 倍速公司通过积极追逐增长及剧烈的、大规模的变革，来应对这个充满各种新机会、变化多端的世界，一次又一次地赶上并驾驭下一个时代大浪潮。是的，它们的确在增长，它们也的确在成长的过程中追逐大好时机。但与 10 倍速公司相比，那些不甚成功的对比组案例公司在追逐增长上更加积极，而且所采取行动的范围更大、程度更剧烈。10 倍速公司是我们所说的“日行20英里”概念的典范，它们通过长期的持续增长，稳健地实现了自己的业绩目标，而对比组案例公司则不然。

“日行20英里”并不仅仅是一个哲学理念，它与具体、明确、高明且严格执行的绩效机制有关，而这些机制可以确保你不会偏离轨道。“日行20英里”会导致自我强加的两种类型的不适：第一，在困难条件下，因坚定追求高绩效而带来的不适；第二，在良好条件下，因保持克制而带来的不适。

比如，西南航空公司要求自己每年都实现盈利，即使是在整个行业都处于亏损时。从1990年到2003年，就整体而言，美国航空业在这13年中只有6年实现盈利。20世纪90年代初，航空业亏损130亿美元，裁员超过10万人，但西南航空公司依然保持盈利，而且没有解雇一名员工。尽管航空业面临长期困难，其中也有一些大型航空公司破产，但是西南航空公司还是创下了连续30年赢利的不俗业绩。

同样重要的是，西南航空公司还有一条纪律，那就是在经济景气时保持克制，避免扩张过快损害公司的盈利和文化。直到成立8年后，它才将业务范围扩大到得克萨斯州以外的地区，但也只是向新奥尔良迈出了一小步。西南航空公司对得克萨斯州之外的地区进行了周密布局，逐步进军俄克拉何马城、塔尔萨、阿尔伯克基、菲尼克斯和洛杉矶，但直到成立近25年时，它才将业务扩展到东海岸。1996年，有超过100座城市强烈要求西南航空公司提供航班服务。但那一年该公司仅在4个城市开通了服务（见图3–2）。

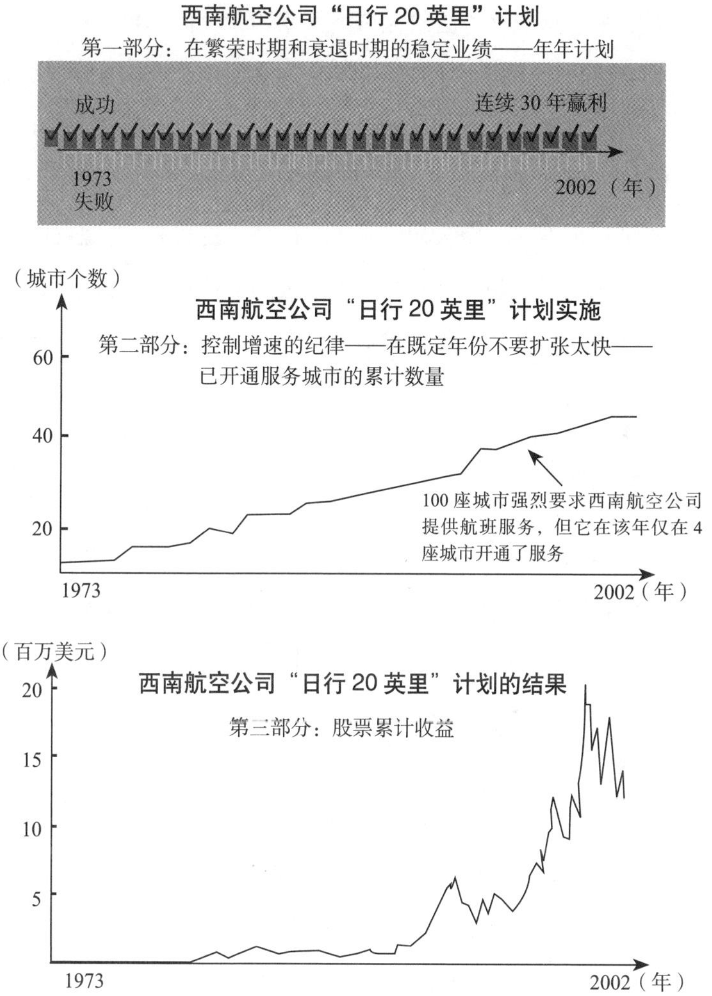

图 3–2　西南航空公司的“日行 20 英里”计划

注：1. 投资 1 万美元的价值，从 1972 年 12 月 31 日到 2002 年 12 月 31 日。

2. 在本书中，股票收益计算的数据均源于 ©200601 CRSP®，芝加哥大学布斯商学院证券价格研究中心授权使用，其保留所有权利。见 http://www.crsp.chicagobooth.edu。

乍看起来，这或许不会给你留下深刻印象。但你再想一想，这是一家为自己设定了恒定业绩标准的公司，而这个业绩标准是其他所有航空公司都未能实现的。如果有人说自己可以在航空业中连续近 30 年保持赢利，那么他必定会成为笑柄。在航空业中，没有人敢说这样的话，但西南航空公司做到了。此外，这也是一家愿意放弃增长的上市公司。试想，会有多少上市公司的商业领导者愿意放弃增长，尤其是在竞争对手加快发展的繁荣时期？这样的公司的确少之又少，但西南航空公司就是这样做的。

有人认为，这样一个充斥着急剧变革和破坏性力量的世界，不会再青睐那些长期坚持“日行 20 英里”原则的人。然而，极具讽刺意味的是，当我们考察这种失控的、快速变化的环境时，我们发现，在我们所研究的这段时期，任何一家 10 倍速公司都是“日行 20 英里”原则的践行者。

现在，你或许会想：“这让人费解。10 倍速公司能够取得这些成绩，或许因为它们太成功了，占据了主导地位。或许‘日行 20 英里’是巨大成功的结果，而不是成功的驱动力。”但证据表明，10 倍速公司践行“日行 20 英里”原则的时间远在它们成为大公司之前。

此外，任何一家对比组案例公司都没有一直遵循 10 倍速公司长期坚持的“日行 20 英里”原则。事实上，这也是我们研究中最明显的对比点之一。在我们选取的这一研究时期内，有的公司根本没有表现出任何与“日行 20 英里”原则相关的迹象，如美国外科医疗公司、美国超微半导体公司和基施纳公司。有的公司在最不景气的年份中并没有坚持“日行 20 英里”原则，而只是在最终践行“日行 20 英里”原则之后才再次赢得市场，如阿瑟·莱文森执掌下的基因泰克公司和史蒂夫·乔布斯执掌下的苹果。其他对比组案例公司，如太平洋西南航空公司和萨菲科公司，在成立初期坚持了“日行 20 英里”原则，而且在此期间取得了最大的成果，但后来它们放弃了这一原则，并因此陷入落后的境地。

优秀的“日行 20 英里”模式的要素

一个优秀的“日行 20 英里”模式会使用绩效标记出可接受业绩的下限。这可能产生一种具建设性的焦虑，就像艰苦的体能训练或严格的智力开发一样，你要想在艰难时期实现这些目标，就必须克服重重困难。

一个优秀的“日行 20 英里”模式要有自我施加的约束。这会创造一个行进中的上限，即在面临大好机会和极佳条件时，你最多走多远。这些约束也会导致一种不适，因为这会让你产生一种压力和恐惧，即在繁荣时期，你应该加速发展，应该做更多事情的压力和恐惧。

一个优秀的“日行 20 英里”模式是与企业的具体情况及其所处环境相适应的。世界上并没有一种适用于所有企业的“日行 20 英里”模式。西南航空公司的模式并不适用于英特尔，一个体育团队的模式并不适用于陆军排长，一个陆军排长的模式并不适用于一所学校。

一个优秀的“日行 20 英里”模式在很大程度上依赖于你对业绩的控制。

一个优秀的“日行 20 英里”模式要有一个合适的期限，它既不能太短，也不能太长，这个期限要恰到好处。如果期限太短，它就容易受到难以控制的波动的影响；如果期限过长，它就容易失去效力。

一个优秀的“日行 20 英里”模式是由企业设计并自我施加的。它既不是由外部强加的，也不是盲目照搬其他模式。比如，若单纯以华尔街所考察的“每股收益”为重点，它就会缺乏严谨性，而这也反映了人们对企业基础绩效的推动因素存在模糊认识。

一个优秀的“日行 20 英里”模式必须保持严格的一致性，仅靠良好的愿望是无法实现的。

优秀的“日行 20 英里”征程靠什么?

20 世纪 70 年代初期，彼得·刘易斯制定了一个严格的绩效标准：前进保险公司的增长必须以保持一流的客户服务和实现平均 96% 的“综合赔付率”为前提。96% 的综合赔付率意味着什么？如果你销售出 100 美元的保险，那么你需要支付的损失及费用的总和不应超过 96 美元。综合赔付率抓住了保险业的核心挑战，把保费维持在可以支付损失、服务客户和赚取利润的水平上。如果一家公司通过降低保费来促进增长，那么它的综合赔付率就会恶化；如果出现风险误判或索赔服务管理失误，那么综合赔付率就会受到损害；如果综合赔付率超过 100%，那么公司的保险业务就会出现亏损。

前进保险公司的综合赔付率标准与约翰·布朗的 20% 定律颇为相似，都是实现年度目标的严格标准。前进保险公司的立场是：如果竞争者以无法赢利的低费率抢占市场份额，那很好，就让它们去做吧！我们不会跟进，我们不会做出这种愚蠢的自我毁灭行为。无论竞争者有何种表现，无论自己面临多么有利可图的增长时机，前进保险公司都坚定地致力于有盈利的综合赔付率，在任何情况下都是如此。刘易斯在 1972 年表示：“不要找任何借口。监管问题、竞争困难和自然灾难，所有这些都不能成为理由。”1972—2002 年，前进保险公司有 27 年实现了有盈利的综合赔付率，而平均综合赔付率也低于其 96% 的目标。

现在，我们依据“日行 20 英里”模式的标准，对比一下前进保险公司关于综合赔付率的规定。

绩效标记：有。

自我施加的约束：有。

是否适用于企业：是。

是否在很大程度上取决于自己的控制：是。

合适的期限：是。

模式由企业设计并自我施加：是。

目标的实现在于保持高度的一致性：是。

“日行 20 英里”模式是一个实用的、强有力的战略机制。约翰 · 布朗打造了整个史赛克系统——从快速的产品开发周期到“通气管奖”，再到实现“定律”（20% 的收益增长率）。彼得 · 刘易斯设计了整个系统，以便实现 96% 的综合赔付率。“这听起来很简单，但做起来非常难。”刘易斯的继任者格伦 · M. 伦维克说，“你可以把它想象成一个食谱。如果某种调味料使用得过多，你就无法获得你想要的结果。即使弄混了一种调味料，那也将是一场灾难，更何况你使用了 4 倍的量……96% 的综合赔付率意味着我们的每一个业务部门都必须遵守计划，意味着我们必须保持一贯的增长速度……而不是今年实现快速增长，下一年就可以放缓增长速度了。”

你需要百分之百地完成你的“日行 20 英里”的目标吗？ 10 倍速公司并没有完美的记录，而只是有着近乎完美的记录，但它们决不认为错失目标是“可以接受的”。即使只是错失了一小步，它们也会想方设法地让自己重回正轨。这里没有任何借口，我们所犯的错误只能靠我们自己来纠正。

“日行 20 英里”是在无序中形成秩序，是在纷乱的不一致中形成一致。但只有当你真正年复一年地实现你的目标时，它才会有效。如果你设定了一个“日行 20 英里”计划，却没有做到，或者做得更糟糕，你完全放弃了严格的纪律，那么你很有可能会被各种事情击垮。

让我们看一下前进保险公司的对比组案例公司萨菲科保险公司

的悲剧故事。在 20 世纪 80 年代之前，无论是在繁荣时期还是在衰退时期，萨菲科保险公司都像前进保险公司一样，“近乎狂热地”追求可以带来盈利的综合赔付率。然而，从 20 世纪 80 年代开始，萨菲科保险公司逐渐丧失了纪律约束。（在图 3–3 和图 3–4 中，我们可以看出转折点是在 20 世纪 80 年代和 90 年代初，当时萨菲科保险公司丧失了纪律约束，而前进保险公司则一直恪守纪律。）萨菲科保险公司无法持之以恒地实现它的综合赔付率，由于资本市场的保费投资收益丰厚，所以它改变方向，远离了自己的核心业务。例如，1989 年，萨菲科保险公司在其核心承保业务领域亏损 5 200 万美元，但其投资组合却带来了 2.63 亿美元的利润。

1997 年，萨菲科保险公司宣布了一个“真正令人兴奋的消息”，表示公司向前迈出了“巨大的一步”。它以相当于其 68% 股东权益的价格收购了美国保险公司。此举使萨菲科保险公司的分销力量增长了 1 倍，代理人数达到 8 000 人，并且公司在财产和意外险领域的排名从之前的第 22 位一跃升至第 12 位，其从一家地区性保险公司也一跃成为一家全国性公司。它设定了大胆的新目标：扩张业

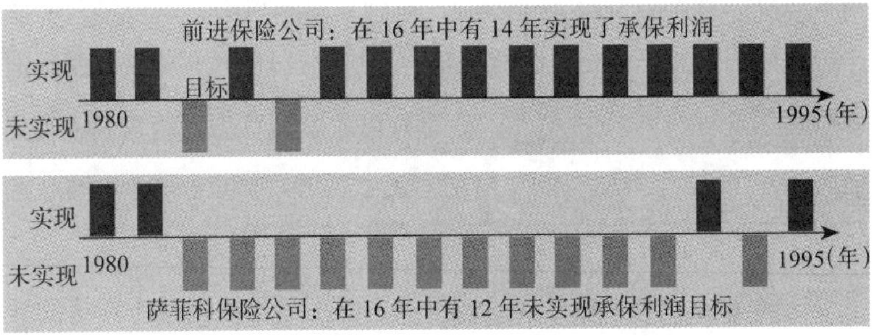

图 3–3 “日行 20 英里”征程：年度目标

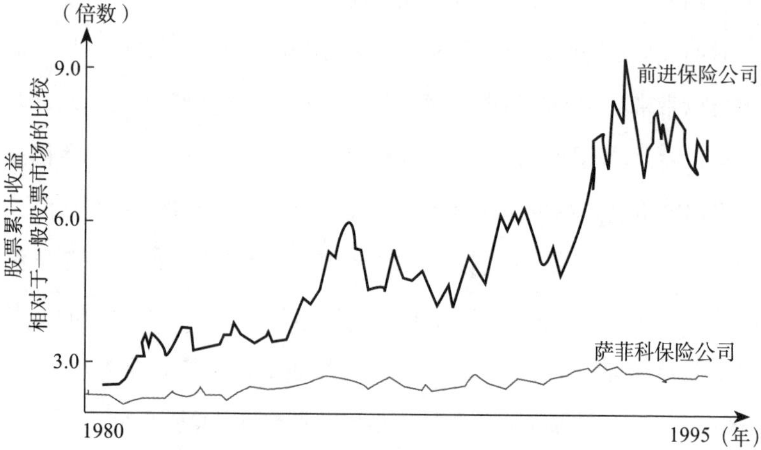

图 3–4 “日行 20 英里”征程的结果

注：1. 计算该比值的时间范围是从 1979 年 12 月 31 日到 1995 年 12 月 31 日。
2. 在本书中，股票收益计算的数据均源于 ©200601 CRSP®，芝加哥大学布斯商学院证券价格研究中心授权使用，其保留所有权利。见 http://www.crsp.chicagobooth.edu。

务范围，进入金融产品领域。萨菲科保险公司的一位高管自豪地宣称，萨菲科保险公司将不再“呆板、单调、传统和保守”。毕竟，如果通过壮观的、富有想象力的一跃即可收复市场，公司又何必遵守行业规则呢？公司又何必自始至终地贯彻“日行 20 英里”的原则呢？基于这种飞跃式的发展，萨菲科保险公司首席执行官罗杰·艾格斯蒂在 1997 年致股东的年信中写道：“1997 年将会作为非同寻常的一年载入萨菲科保险公司的历史。”

这确实是一个非同寻常的转折点，但不是艾格斯蒂所预想的转折点。公司的综合赔付率受到损害，1998 年、1999 年、2000 年、

2001 年和 2002 年公司均未实现盈利。“我们或许太过于追求增长率了。”萨菲科保险公司的一位高管在评论这种下滑态势时说道。如果你在 1997 年年初投资萨菲科保险公司（也就是其并购美国保险公司的那一年），那么在未来 3 年中，你每一美元投资的价值都会损失 30%，其收益尚不及一般股票市场的 40%。在萨菲科保险公司开展大规模跃进的 3 年之后，艾格斯蒂宣布退休，而董事会急于寻找新任首席执行官，但最终他们不得不到公司外部寻找“救世主”，以让公司步入正轨。1976 年年初至 2002 年，萨菲科保险公司在 26 年里只有 10 年实现了能带来盈利的综合赔付率。而在同一时期，前进保险公司，单调的、持之以恒的综合赔付率冠军，为投资者提供了近 32 倍于萨菲科保险公司的累计回报率。

目前为止，我们所谈论的“日行 20 英里”都是财务意义上的征程——史赛克公司 20% 的盈利增长、西南航空公司的年年盈利，以及前进保险公司 96% 的综合赔付率，但我们想要说的是，你可以制定一个非财务上的征程。学校可以有学生表现征程，医院可以有病人安全征程，教堂可以有受洗人数征程，政府机构可以有持续改善征程，流浪者援助中心可以有安家征程，警察局可以有犯罪率征程。同样，公司也可以选择设定一个非财务征程，如创新征程。例如，英特尔就围绕着摩尔定律概念（集成电路元件的复杂程度每隔 18 个月至 2 年会提升 1 倍，而成本则保持不变）制定了一个“日行 20 英里”征程。不论是在繁荣时期还是在行业萧条时期，英特尔都致力于实现摩尔定律的目标，留住最优秀的工程师，朝着新一代的芯片进军，持续不断地投资创意征程。30 多年来，无论发生什么事情，英特尔都始终坚持这一征程。

表 3–1 “日行 20 英里”征程对比（截至 2002 年）

10 倍速公司	对比组案例公司
史赛克公司：实现 20% 的年收益增长率。此外，它还通过众多产品迭代和产品延伸，践行了“日行 20 英里”创新原则。由于在繁荣时期也保持稳定的增速，所以它有能力应对 1992 年到 1994 年的行业困难期。	美国外科医疗公司：经历了波动极大的收益增长率过程。它追求大规模的突破性创新而非“日行 20 英里”创新原则。在困难时期过于冒险，尤其是在 1992 年到 1994 年这段时期。1998 年被出售。
西南航空公司：连续 30 年实现盈利。不同于其他主要的航空公司，它在“9·11”恐怖袭击事件后的 2002 年实现了盈利。保持稳定的增长速度，以确保盈利和公司文化的延续。	太平洋西南航空公司：公司在初期践行“日行 20 英里”原则并实现持续盈利，但在 20 世纪 70 年代放弃了这一原则。于 1986 年被全美航空公司（US Air）并购。
前进保险公司：将每年的综合赔付率保持在 100% 以下，平均为 96%。它在 30 年中有 27 年实现了能带来盈利的综合赔付率。限定公司的增长速度，以确保维持承保标准，实现综合赔付率目标。	萨菲科保险公司：公司在初期重视综合赔付率。从 1998 年起，它开始变得反复无常，后在 20 世纪 90 年代大手笔并购了美国保险公司，追求飞跃式的发展。在 27 年中仅有 10 年，公司实现了能带来盈利的综合赔付率。
英特尔公司：坚持摩尔定律，以最低成本，每隔 18 个月到 2 年的时间，公司将集成电路元件的复杂程度提升 1 倍。在我们所选取的这一分析时期，公司一直致力于这种追求。	美国超微半导体公司：在繁荣时期屡次谋求大发展（有时候会背负沉重债务），这使得公司难以应对萧条时期（尤其是 1984 年到 1986 年）的各种状况。没有证据表明公司设有稳定的业绩标志。
微软公司：践行“日行 20 英里”创新原则，包括持续的软件产品迭代。就推出的产品而言，公司初期通常并不完善，但会年复一年地持续改进，直至最终占据行业主导地位。公司从不在财务方面采取冒险行动，所以它的征程从未间断过。	苹果公司：公司在初期并未践行“日行 20 英里”原则。公司经历了波动性的利润增长，并在 20 世纪的八九十年代遭遇挫折。在史蒂夫·乔布斯回归后，公司采用 20 英里创新原则，这也是公司在 21 世纪头 10 年里实现复苏的一个关键因素。

（续表）

10倍速公司	对比组案例公司
美国安进公司：在渐进式产品创新和产品开发的基础上，践行“日行20英里”创新原则。公司持续开发现有药物的新用途，实现了强劲的收入增长。	基因泰克公司：在1976年到1995年这段时期，并未践行“日行20英里”原则，而是下大赌注、过度承诺，从而导致公司衰败。自1995年后，它践行“日行20英里”原则，将5年期目标细化为一系列的年度目标。
巴奥米特公司：致力于持续的盈利性增长，在21年中有20年实现了目标。此外，公司也践行了“日行20英里”创新原则，实现了产品开发的快速迭代。公司从未有过度扩张行为。	基施纳公司：未践行“日行20英里”原则。公司开启了“以并购加快发展”的模式，大肆举债，后导致危机。公司在1994年被出售。

为什么“日行20英里”征程会获胜?

“日行20英里”征程可以帮助你化劣势为优势，原因如下：

1. 在逆境中，它可以让你对自己的能力保持信心。
2. 在遭遇破坏性打击时，它可以让你减少灾难发生的可能性。
3. 在失控的环境中，它可以让你保持自制力。

在逆境中通过绩效建立信心

信心并非来源于励志演讲、魅力超凡的鼓舞、狂热的动员大会、盲目的乐观主义或盲目的希望。在史赛克公司，沉默寡言、行事低调、不苟言笑的约翰·布朗从来都不这样做。史赛克公司通过实实在在的成就收获了信心：不论行业状况如何，它都以完成严格的绩效标准为目标。约翰·布朗就像一位田径教练，在集训期间，不论遇到狂风、酷暑还是暴雨、大雪，他都要求队员坚持下去，直至终点。这样一来，如果在比赛日遇到狂风、酷暑、暴雨、大雪，参赛队员都不会失去信心。因为对这些情况，他们在集训期间都经历过真实的体验：我们能够取得胜利，因为我们已经接受过高强度的训练，我们已经经历过这种恶劣环境的考验。

在任何环境下都持之以恒地实现“日行 20 英里”征程，会让你建立信心。在逆境面前，看得见的成就会强化这种 10 倍速前景：我们最终要对提高业绩负责。我们决不把问题归咎于境遇，决不把问题归咎于环境。

2002 年，在位于科罗拉多州博尔德的研究实验室里，我们接到了亚利桑那州立大学前校长、时任亚利桑那州未来中心主席的拉蒂·科尔的电话。“我们已经将拉美裔儿童的教育列为我们州的重点优先任务之一。”科尔说，“我们必须找到解决问题的方法。你能给我们一些指导建议吗？”科尔有一个想法，即像我们的研究项目一样，创建一个基于配对法的研究模式，应用于教育领域。首先，他们要找出那些在逆境中表现优异的公立学校，而且是有大量拉美裔学生的学校；其次，将这些学校与那些面临相似环境却表现不佳的公立学校相比，找出并研究它们之间的不同。

科尔组建了一个由玛丽·乔·威兹为首的研究团队，按照我们实验室的指导，开展名为“战胜困难”的研究。研究发现，处于校长控制之外的因素，比如班级人数、教学时间的长短、资金的数量及家长介入的程度，并未系统地将表现优异的学校同对比组的学校区分开来。当然，改变这些变量或许会提高所有学校的教育表现，而那些“战胜困难”的学校则只把精力放在了它们力所能及的事情上。这项研究发现，即使在逆境中，它们也有一套一直在遵守的实用纪律。在学术表现方面，每一所“战胜困难”的学校都有明确的底线，而这植根于“战胜困难”报告中的三条戒律：

- 在学生不学习时，千万不要玩推卸责任的游戏。要有正视问题并承担责任的能力。
- 不要想当然地认为解决方案就在“那里”。如果学生不学习，学校就需要做出改变。
- 不要让任何一名学生掉队。如果每个班里的每个学生都不学习，那么这说明学校出了问题。

1997 年，位于亚利桑那州尤马的艾丽丝 · 拜恩小学与相类似的小学相比并不占优势，其三年级学生的阅读课成绩远远落后于全州的平均水平。校长朱莉 · 塔特 · 皮奇拒绝向各种困难低头：很多孩子来自贫困的拉美裔家庭；学校的预算非常有限；教师们为资源不足而感到心力交瘁。尽管如此，皮奇和学校的老师还是克服了这些障碍，并逐步将学生的阅读成绩提高了 20%，超过全州的平均水平。与此同时，在面临相似的情况时，与艾丽丝 · 拜恩小学处于同一水平上的学校，在三年级学生的阅读课上却没有取得大幅提升。为什么？

朱莉·塔特·皮奇引入了严明的纪律，致力于实现一个专注的目标：提高每个学生的基本技能，比如阅读。对学校的评估也不再仅仅局限在年底，而是贯穿整个年度。她与学校的老师对教学表现进行追踪，并随时采取纠正措施。她在教职人员和行政管理人员之间创造了一种合作文化，他们分享数据以及帮助孩子提高成绩的想法。他们建立了一个关于教学、评估和干预的无限循环，针对每个孩子开展“日行 20 英里”征程教学。教学表现的改善提高了信心和积极性，信心和积极性的提高强化了纪律，纪律的强化改善了教学表现，教学表现的改善提高了信心和积极性……这是一个永无休止螺旋式上升的循环过程。

亚利桑那州“战胜困难”的学校的校长深知，追求下一个改革“良方”——从一个计划转向另一个计划，从今年的学生转向明年的学生——会导致积极性和信心的下降。关键的举措并不在于找到合适的计划或等待国家教育改革，而在于采取行动，通过灌输严明的纪律以实现持续稳定的进展，通过长期坚持的计划，以取得持续业绩。他们通过不断提升的成就获得信心。如果战胜了困难，你就会获得再次战胜困难的信心；这样一来，再次战胜困难的信心就会进一步增强。这是一个不断提升的过程。

规避灾难

20 世纪 80 年代，美国超微半导体公司因未践行“日行 20 英里”

原则而几乎毁掉了自己。1984 年，杰里 · 桑德斯宣称美国超微半导体公司将成为首家连续两年增长率达到 60% 的半导体公司，并表示当年公司的增长率将超过过去 14 年中的任何一年。不仅如此，他还宣布美国超微半导体公司致力于在 20 世纪 80 年代末赶超英特尔、德州仪器、国家半导体公司（National Semiconductor）、摩托罗拉，以及美国境内的其他任何一家竞争者，成为排名第一的集成电路公司。这与英特尔公司形成了鲜明的对比，当时的戈登 · 摩尔在同一时间宣布他将限制英特尔的增长速度，以最大限度地降低失控的可能性。英特尔仍保持着较快的发展速度，但这种速度不及美国超微半导体公司。1981 年至 1984 年，美国超微半导体公司的发展速度是英特尔的近 2 倍，而且超过美国其他任何一家竞争者。

1985 年，半导体行业整体陷入衰退。英特尔和美国超微半导体公司都遭受了损失，但美国超微半导体公司更甚，其销售额在一年之内从 11 亿美元跌至 7.95 亿美元。美国超微半导体公司的长期债务增长了 2 倍，多年之后才得以恢复发展。在经历了这场风暴之后，英特尔一直走在美国超微半导体公司的前面。在 1985 年行业衰退之前的 12 年里，美国超微半导体公司的股票收益一直超过英特尔，原因之一就是美国超微半导体公司的销售额在 1981 年到 1984 年期间增长了 2 倍。但在这次行业衰退之后，美国超微半导体公司的股票收益大幅下降，而英特尔的股票收益却急剧飙升。从 1987 年年初到 1994 年，英特尔的股东收益超过美国超微半导体公司的 5 倍以上，而从 1994 年到 2002 年，英特尔的这一收益则超过后者 30 倍以上（见图 3–5）。

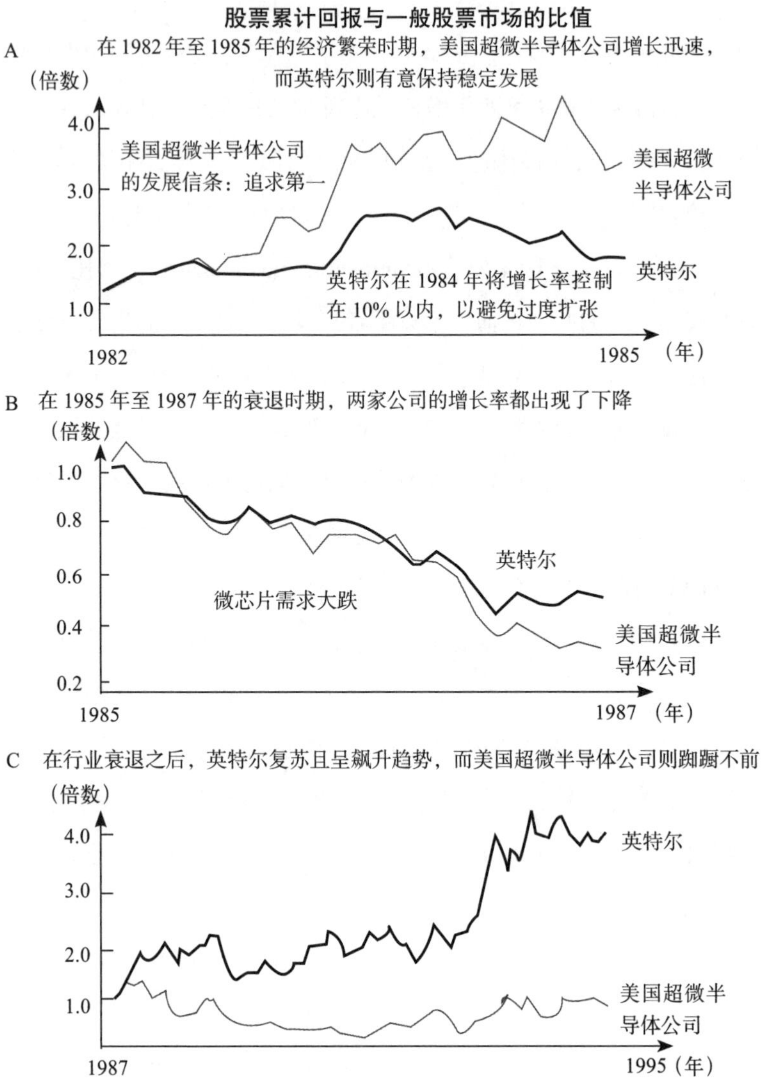

图 3–5 英特尔和超微半导体公司的兴衰

注：1. 图 A：1981 年 12 月 31 日到 1984 年 12 月 31 日；图 B：1984 年 12 月 31 日到 1986 年 12 月 31 日；图 C：1986 年 12 月 31 日到 1994 年 12 月 31 日。

2. 在本书中，股票收益计算的数据均源于 ©200601 CRSP®，芝加哥大学布斯商学院证券价格研究中心授权使用，其保留所有权利。见 http://www.crsp.chicagobooth.edu。

如果你耗尽了你的资源，并已经到了筋疲力尽的地步，然后又在错误的时刻遭遇了外部冲击，那么你会陷入严重的困境。若你坚持“日行 20 英里”原则，那么在遭遇大规模的意外冲击时，被困的可能性就会大大降低。在动荡时期，任何一个 10 倍速赢家都走在了对比组案例公司的前面。极端的不稳定性有利于“日行 20 英里”原则的践行者，这是它们真正发光的时刻。

在不确定的严酷环境中，不遵循“日行 20 英里”原则会让你陷入灾难境地。在对比组案例公司中，任何一家公司都有不遵从“日行 20 英里”原则的时期，而其结果无一例外都是灾难性的。相比之下，在 10 倍速公司中，只有两家有未遵从“日行 20 英里”原则的历史，但这并没有给它们带来灾难性的后果，这是因为在可能致其毙命的风暴来临之前，10 倍速公司已经采取了纠正措施。

在系统地考察产业动荡期时，我们发现了一个鲜明的对比。对于践行“日行 20 英里”原则的公司来说，在其所经历的 29 次产业动荡事件中，它们无一例外地都安全度过了动荡期并取得了良好的结果。然而，那些未践行“日行 20 英里”原则的公司，在其所经历的 23 次产业动荡事件中，只有 3 次安全度过了动荡期并取得了良好结果。

在一个充满不确定性且到处都有巨大风险和机遇的环境中，你根本无力应对不可预见的事件。如果是在阳光明媚的春日，在离家较近的地方行进，那么你可以走得远一些，之后，你吃上两粒布洛芬或许就可以缓解肌肉疼痛了。但如果你是爬喜马拉雅山或者到南极探险，那么你走得太远，则会产生更加严峻的、不可逆的后果。

在稳定时期，暂不践行“日行 20 英里”原则或许不会给你带来伤害，但这样做会让你变弱，会让你失去纪律性，因而在不稳定时期到来时，你就会无处可逃，而不稳定时期早晚都会到来。

在失控的环境中保持自制力

1911 年 12 月 12 日，阿蒙森率领探险队抵达了距离南极点 45 英里远的地方，当时他并不知道斯科特的具体位置。斯科特的行走路线与他的不同，略微偏西，所以阿蒙森认为斯科特已经走到了他的前面。天气变得晴朗暖和起来，阿蒙森坐在平坦的南极高原上，放眼望去，剩余的行程可以说是“一片坦途”。阿蒙森写道：“一切都很顺利，天气也很好，没有风，而且阳光明媚。”他率领的探险队已经跋涉了超过 650 英里，沿着山脊开辟出一条笔直的路线，从海平面一直爬到 1 万多英尺[①]高的地方。如果着急知道“斯科特的具体位置”，他和他的探险队完全可以在 24 小时内抵达目的地。

而阿蒙森做了什么？

他只行进了 17 英里。

在整个探险行程中，阿蒙森一直坚持持续推进的原则，在天气好的时候也决不会走得太远，以免筋疲力尽，进而使得探险队处于危险之中。而在遭遇恶劣天气时，他也坚持前进，以保持速度。阿蒙森将探险队每日的行程控制在 15 英里到 20 英里之间，朝着南纬

---

① 1 英尺 =0.304 8 米。——编者注

90度一路前行。在探险队成员建议加快速度，将每日行程增加到25英里时，阿蒙森并没有同意。他们需要休息，需要睡眠，以便不断补充体力。其实，早在我们知道阿蒙森和斯科特的故事之前，我们就已经提出了“日行20英里”原则的概念（比我们知道这个故事早了整整3年），并在研究谈论以及与客户和学生的交流中使用了“日行20英里”这个术语。所以，当我们了解到阿蒙森在南极探险之旅中践行了这一原则时，我们感到非常吃惊。

与之相对的，在天气好的时候，斯科特会让探险队全力以赴，加快前进步伐，而在天气不好时，他则躲在帐篷里抱怨老天不公。当年12月初，斯科特在日志中记下了因暴风雪而导致行程受阻的事情：“我觉得没有人会在这种天气下赶路。”但在阿蒙森遇到类似的情况时（在穿越山口时，气温甚至更低，而且海拔更高），他在日志中写道：“这不是一个好日子——暴风雪、强气流和冻伤三者夹击我们，但我们还是前行了13英里，距离我们的目标已经很近了。”据罗兰·汉福特在《大地尽头》中的记述，斯科特有6天因暴风雪天气未前行一步，而阿蒙森遭遇过15天这样的极端天气，其中有8天坚持前行。阿蒙森按部就班地朝着南极前行，平均每天行程为15.5英里。

与阿蒙森及其探险队一样，10倍速领导者及其公司也通过“日行20英里”征程这一方式来保持自制力，即便在产生恐惧或为机遇所诱惑时，他们也是如此。要有一个明确的“日行20英里”原则，并牢记在心；这是因为，如果团队中的每一个人都知道这些标志性目标及其重要性，他们就会坚持到底。

金融市场并不在你的控制之中，顾客并不在你的控制之中，地震并不在你的控制之中，全球竞争并不在你的控制之中，技术变革并不在你的控制之中，世界上绝大多数事情都不在你的控制之中。但当你坚持“日行 20 英里”原则时，你就有了一个可以看得见的焦点，而无论面对困惑、不确定性还是混乱的环境，这个焦点都可以确保你和你的团队继续前行。

阿瑟·莱文森：教会公司如何前行

在我们的研究中，最让人感兴趣的对比组案例公司是基因泰克：一方面，公司在发展初期滥许承诺；另一方面，在小有名气的癌症研究人员阿瑟·莱文森的内部推动下，公司实现了复苏，而这也得益于他所灌输的“日行 20 英里”原则。在公司发展初期，基因泰克追求的是突破性的创新战略，严重缺乏纪律性；它始终追求“下一个大发明”，并成为历史上首家纯生物技术公司及首家公开上市的生物技术公司。基因泰克运用生物工程技术，制造出了适用于儿童的生长荷尔蒙及用于治疗毛细胞性白血病、囊肿性纤维化、血友病和血凝块等疾病的药物。所有这些都是开创性的发明。就治疗心脏病的药物来讲，哈佛医学院医学系主任表示：“t-PA（组织纤维溶酶原激活物）之于治疗心脏病发作就好比是青霉素之于感染治疗。”下一个大发明，的确如此！但即使有这么多发明，基因泰克的业绩表现也落后于它的承诺。如果你在 1980 年 10 月 31 日购买基因泰克公司的股票，并一直持有至 1995 年年中，那么你的投资回报还不及一般股票市场的回报。

然后，基因泰克得到了幸运之神的垂青——公司的首席科学家阿瑟·莱文森被提升为首席执行官。尽管他先前没有出任过该职务，但莱文森被证明是生物技术领域有史以来最优秀的高管之一。莱文森是一个典型的第 5 级经理人，对任何形式的傲慢和自大都非常厌恶。孩子气的活泼、对创新的快乐追求以及严明的纪律，在他身上都得到了充分的体现。他将基因泰克的研发重点放在那些有可能成为世界最好的产品种类上。在莱文森的带领下，基因泰克最终获得了发展动力，并显示出了极可观的财务表现（见图 3–6），其投资回报大大超出了一般股票市场。

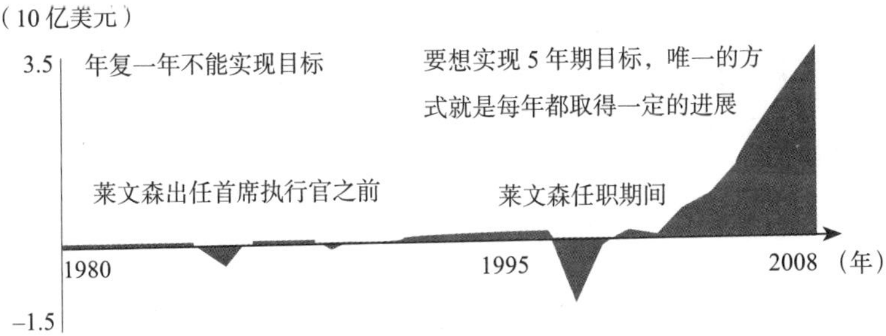

图 3–6 莱文森出任基因泰克首席执行官之前与任职期间的财务状况对比（1980—2008 年）

1998 年，莱文森公开谈到基因泰克在历史上缺乏纪律的问题。“过去，我们深受 5 年期计划之害，因为它们代表的是这样一个场景，即‘哟，这是在一切都很顺利的情况才能实现的目标’。我们并没有严格地运用长期计划来管理我们的业务。在长达15年类似的计划中——我个人也直接参与过其中一些，人们并没有认真地对待这些计划，因为在长期计划评估会议上，你会发现公司年年都无法实现预期的目标。”莱文森说。然后，他又重点强调了基因泰克的新方法：“要想实现5年期目标，唯一的方式就是每年都取得一定的进展……在通往长期目标的路上，每年我们都必须前行20%。我们不能在第一年实现2%，在第二年、第三年和第四年各实现2%，然后在第五年实现92%。我们决不允许出现这种情况。”

莱文森执掌下的基因泰克公司着重强调两点：第一，“日行20英里”原则有助于你将低成就转变为高成就；只要你下定决心，就任何时候开始都不晚。第二，从根本上讲，寻找乃至发现“下一个大发明”并不会成就一家卓越的公司。就像一名有天赋但缺乏纪律的运动员，基因泰克平庸的业绩表现令人失望，而只有在莱文森将严明的纪律引入公司之后，它才最终实现了它所承诺的目标。

我们生活在一个尊崇“下一个大发明”的现代文化中。“下一个大发明”是令人兴奋的，它读起来有趣，谈起来有趣，写起来有趣，学起来有趣，参与其中也有趣。然而，如果追求“下一个大发明”成为未能践行“日行20英里”原则的借口，那么这将变得非常危险。如果你一直在寻找“下一个大发明”，那么最终的结果很可能是你将一直在寻找“下一个大发明”。与对比组案例公司相比，10 倍速公司所面临的机遇并非更好，但它们通过践行“日行 20 英里”原则将这些机遇利用到了极致。它们从来都不会忘记，“下一个大发明”或许就是你早已拥有的“大发明”。

当然，这里也有一些并未给出答案的问题。你需要严明的纪律，你需要创新和适应，尤其在一个混乱的世界里。你该如何平衡这两个需求之间的关系？如果你只是坚持“日行 20 英里”原则，那么你会不会盲目地走向灭亡？在一个充满颠覆性变化的世界里，在一个不仅需要纪律而且需要创造性和警惕性的世界里，你如何取得 10 倍速式成功？这些问题，我们会在接下来的章节予以解答。

小 结

关键点

- 在我们的研究中，“日行 20 英里”原则是一个堪称压倒性的区分因素，正是这一因素将 10 倍速公司和对比组案例公司区分开来。
- “日行 20 英里”征程需要达到明确的业绩标志，这是一个持续的、长期的过程。它有两个难点：第一，在困难时期实现高绩效；第二，在繁荣时期限制增长速度。
- “日行 20 英里”原则具有以下 7 种特征：

（1）明确的业绩标志。

(2)自我施加的约束。

(3)适用于特定的企业。

(4)在很大程度上依赖于公司自制力的实现。

(5)一个合适的期限——长可管理，短也有效。

(6)是由公司自己施行的。

(7)具有高度一致性。

- “日行 20 英里”征程未必局限于财务方面。你可以制定一个创意征程、一个学习征程、一个服务提升征程，或其他任何形式的征程，只要它具备一个优秀的“日行 20 英里”征程的主要特征。
- “日行 20 英里”原则有助于建立信心。不管面临何种挑战，也不管面临何种意外冲击，通过坚持“日行 20 英里”原则，你会向你自己以及你的企业证明，业绩并不是由你所处的环境决定的，在很大程度上，它是由你自己的行动决定的。
- 若不能坚持“日行 20 英里”原则，那么在剧烈波动的事件面前，一个组织更容易受到影响。在对比组案例公司中，任何一家公司都曾有过至少一次因未能践行“日行 20 英里”原则而陷入困境的经历，随之而来的就是巨大的挫折或灾难。
- “日行 20 英里”原则有助于你在失控的环境中保持自制力。
- 10 倍速领导者自己设定适用于企业的“日行 20 英里”征程，他们不会让外来压力替他们定义这一目标。

- 一家公司即使在早期历史上没有遵守“日行20英里”原则，在其之后的发展道路上也可以采用这一原则，比如莱文森执掌下的基因泰克。

意外发现

- 在多变的环境中，“日行20英里”者拥有一种优势；世界越动荡，你就越需要成为一名“日行20英里”者。
- 追求最大限度的增长与10倍速成功之间是一种负相关关系。对比组案例公司的领导者通常在繁荣时期追求最大限度的增长，因而在未能预料的衰退中，容易置公司于灾难之中。10倍速公司赢家追求稳定的增长率，对可能出现的各种意外事件进行假设，避免因扩张过度而陷入困境。
- “日行20英里”征程并非10倍速公司通过成功而获得的奢侈品；早在它们取得巨大的成功之前，它们就已经开始践行“日行20英里”原则了，而这一原则在一开始就帮助它们走上了成功之路。

关键问题

- 你的“日行20英里”征程的目标是什么？也就是说，像持之以恒的史赛克、西南航空公司、英特尔和前进保险公司一样，你在接下来的15年到30年里致力于实现的目标是什么？

第四章

先发射子弹，后发射炮弹

你或许不会发现你想要找的东西，但你会发现其他同等重要的东西。

——罗伯特·诺伊斯

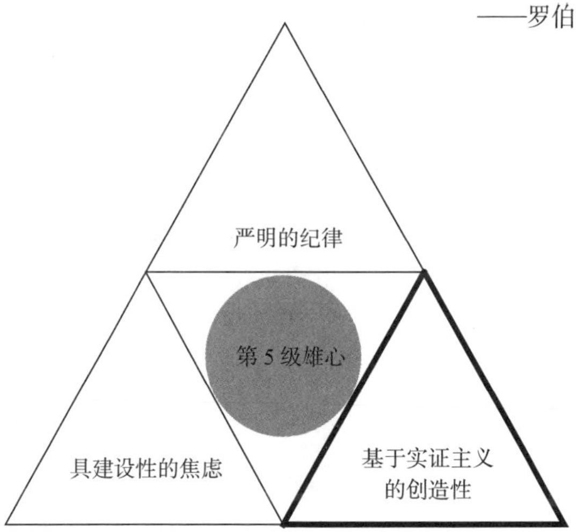

试想一下，你坐在登机口等待登机。正在看报纸的你抬头发现一名身着机长制服的飞行员正朝着你的飞机走来……他戴着墨镜，手持一根白色手杖。

你暗自笑了起来。你先前曾经搭乘过这家颇为奇特却非常有趣的航空公司的航班，而你也知道，他们是故意在忠实的乘客面前表现得如此滑稽的。有时候，飞行员会打开对讲机说，“你还记得如何启动它吗”或者“我想你应该有钥匙吧”。这家航空公司鼓励机组人员与乘客聊天、做游戏或开玩笑。“我们今天提供的是牛排和烤土豆……现在距离目的地还有1个小时的航程。”在运送旅客人数每达到一个100万时，这家航空公司就会送给这第100万名旅客一份礼物。有一次，在达到一个100万时，公司将这名旅客领下舷梯，递给他一根缰绳，然后指着停机坪上的一头牛说，这是送给你的特殊礼物。你之所以喜欢这家不按常理出牌的航空公司，是因为它在这个行业中引入了一种全新的模式和一种充满乐趣的、精神饱满的文化。

然而，更重要的是，你喜欢这家航空公司是因为它低廉的价格、始终如一的准点记录，以及极简的服务方式。你不再需要办理传统的、烦琐的机票手续，你只要有一个简单的收款机收据就可以了。飞机上没有座位分配，没有头等舱，而且飞机几乎不会晚点。

飞机抵达目的地之后会迅速返航。你喜欢这种点对点的模式，而这与轴辐式空运模式是不同的。这家航空公司提供的是一种简便、快捷、充满乐趣、值得信赖、安全且低价的航空体验。

在你准备登机时，你希望你不是第100万名乘客（你真的不希望得到一头牛或不需要一头牛），但你会注意到你最喜欢的东西：在飞机前方有一个黑色的“U”形标志，从左边一直延伸到右边，它看起来就像是一张正盯着你看的大型笑脸，非常友善，机舱的窗户就像是两只眼睛，而机头就像是一个黑色的尖鼻子。你搭乘太平洋西南航空公司的航班，再一次开启你的商务之旅，而在空中，这是一个巨大的、飞行的笑脸机器。

这时的太平洋西南航空公司是航空业中的一个成功案例。不仅旅客喜欢这家可以带来快乐的、拥有“微笑飞机”的航空公司，而且这种商业模式也被证明拥有巨大的盈利能力和强劲的增长潜力。所以，当一群企业家决定在得克萨斯州成立一家航空公司时，他们拿出了一个非常简单的商业计划书：在得克萨斯州复制太平洋西南航空公司的模式。《纽约时报》在1971年报道，西南航空公司总裁拉马尔·缪斯不止一次坦言：“自成立伊始，西南航空公司就围绕着太平洋西南航空公司的成功理念开展工作。”

“我们并不介意成为这样一种运营模式的仿效者。”缪斯在1971年时说道。当时，为制订运营计划，他和西南航空公司的高管专门拜访了太平洋西南航空公司。太平洋西南航空公司欢迎这家位于得克萨斯州的新公司企业家们参观其在圣迭戈的运营基地，甚至还向他们提供飞行和运营方面的培训。这看起来颇令人费解，但在放宽管制之前，西南航空公司只能在得克萨斯州运营，而在加利福尼亚州庞大的市场上，太平洋西南航空公司并不会受到威胁。

从得克萨斯州前来访问的企业家体验了太平洋西南航空公司的折叠式座位，并对登机口和幕后运营的每一个细节进行了详细记录。他们带回了大量的笔记资料和一套运营手册（细致入微地复制了太平洋西南航空公司的模式），而其中也包括该公司奇特而有趣的文化。拉马尔·缪斯后来写道，在为新公司编制运营手册时，我们采用的主要方法是“复制、粘贴流程”，而这一细节在另一本描述太平洋西南航空公司兴衰的著述中也得到了验证。西南航空公司对太平洋西南航空公司的复制是如此彻底，以至你可以称它为一个影印本！

令人惊讶的发现

在我们开始这项研究时，我们认为创新可能是公司在快速变化的不稳定环境中实现10倍速式成功的一个主要区分因素。但问题是，如何解释太平洋西南航空公司和西南航空公司的不同结果。你可以想象一下我们的惊讶程度，真正的创新者太平洋西南航空公司尽管创造了20世纪历史上最成功的航空公司的商业模式之一，但它现在甚至都已经不再是一个独立公司了。而事实上，作为我们最喜欢的、最景仰的案例公司之一，西南航空公司在成立之初几乎没有任何创新。

在此次研究中，我们首先分析了西南航空公司和太平洋西南航空公司的对比情况，并对研究团队的讨论进行了评论："或许航空公司代表的是一个特殊的案例，在这个行业中，规模和成本远比创新更重要。"无疑，我们认为，当我们考察技术驱动型行业，比如，医疗器械、计算机、半导体、软件和生物技术行业时，我们会看到10倍速公司在创新方面远超对比组案例公司的压倒性证据。

但我们的发现让我们大吃一惊。

最大的震惊来自对生物技术行业的两家公司的对比研究，因为我们认为在这个行业，创新和成功之间应该有近乎100%的关联关系。让我们看一下图4–1中的两个曲线图：从图4–1的左图中我们看到，基因泰克在创造性产出方面表现优异，其专利生产率是安进公司的1倍以上；在右图中，我们可以看到安进公司有卓越的财务表现，其以超过30∶1的比值完胜基因泰克。对专利生产率有着系统研究的亚斯那特·辛格教授，在专利引文中发现了一个类似的模

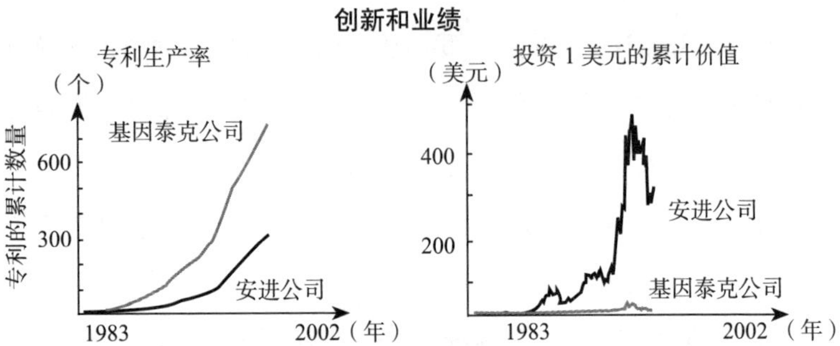

图4–1　生物技术行业的角色互换：安进公司和基因泰克

注：1. 在本书中，专利数量均来源于美国专利和商标局，见www.uspto.gov。
2. 在本书中，股票收益计算的数据均源于©200601 CRSP®，芝加哥大学布斯商学院证券价格研究中心授权使用，其保留所有权利。见http://www.crsp.chicagobooth.edu。

式，这个模式表明基因泰克不仅创造了大量专利，而且有很多专利有很大的影响力。基因泰克是生物技术行业历史上最具创新能力的公司之一，是首家将重组 DNA（脱氧核糖核酸）应用于主要商业产品的公司，是首家生产由食品药品监督管理局（美国食品药品监督管理局）批准的生物技术产品的公司，而且据《科学》杂志统计，它也是行业内取得重大突破最多的公司。然而，在我们的研究中，成为 10 倍速公司的是安进公司，而不是基因泰克。

出于好奇，我们对创新进行了系统分析，并将关注重点放在了行业创新的相关维度上（比如，在生物技术行业，我们将创新的重点放在新产品和科学发现上；而在航空业，我们则将关注重点放在新的商业模式和运营实践上）。我们将创新分为渐进式创新、中等程度创新和重大创新三类，总共计入 290 个创新事件（31 个重大创新、45 个中等程度创新和 214 个渐进式创新）。据此，我们对每一家 10 倍速公司及其对比组案例公司进行了比较，以了解哪一家公司在我们所选取的分析期内更具创新力。在总共 7 组对比中，10 倍速公司在创新方面超过对比组案例公司的只有 3 组。

我们研究所得的证据并不支持这样一个假定，即 10 倍速公司在创新方面必定超过不太成功的对比组案例公司。而在部分让人感到惊讶的案例中，比如西南航空公司对太平洋西南航空公司，再比如安进对基因泰克，10 倍速公司在创新方面并不及对比组案例公司。

史赛克的约翰·布朗坚持的信条是，最好“落后一步”，即在市场上绝不抢先出头，但也决不甘于最后。与此相反，对比组案例公司——美国外科医疗公司的利昂·赫希却取得了一个又一个的大突破，推出了具有革命意义的外科实务创新产品，比如可吸收的手术紧固件和微创手术的特种设备，赫希也被商业分析师誉为产品领域内最具创新精神的领导者。《投资者商报》评论：“这正是美国外科医疗公司保持竞争优势的方式——在创新方面超过对手。”然而，就长期业绩表现来说，“落后一步”的史赛克完胜美国外科医疗公司。

在有的对比组公司中，10 倍速公司在创新方面的确是超过对比组案例公司的，比如英特尔对美国超微半导体公司，但即使在这些对比组中，证据也不支持这样一个观点，即最大限度的开拓创新是 10 倍速公司之所以取得成功的最基本的区分因素。在历史上的多个关键时期，英特尔在行业中并未推出最具创新意义的芯片。在开发 16 位微处理器的过程中，英特尔落后于美国超微半导体公司和德州仪器。英特尔的一些高管认为，摩托罗拉的 68000 型优于英特尔的 8086 型，而英特尔的 32 位微处理器的上市时间也晚于竞争对手。此外，在开创性的 RISC（精简指令集）芯片领域，英特尔也落后于对手，以至不得不奋力追赶。当然，英特尔也有重大创新——我们并不是说英特尔不善于创新，但历史数据显示，英特尔不像大多数人想象的那样，会在关键时期成为开拓性的创新者。

我们并非唯一有此发现的研究人员。我们碰巧看过杰勒德·J. 特列斯和彼得·N. 戈尔德合著的一本书《野心与愿景》。特列斯和戈尔德考察了分布广泛的 66 个市场（从口香糖市场到互联网市场），并对企业的长期市场领导地位和创新先锋之间的关系进行了系统分析。他们发现，在创新先锋中，仅有 9% 的企业最终成为市场上的赢家。吉列并不是安全剃刀的先锋，安全剃刀的先锋是 Star 公司。宝丽来不是快速成像相机的先锋，其先锋是 Dubroni 公司。微软不是个人电脑电子表格的先锋，其先锋是 VisiCorp 公司。亚马逊并不是在线图书销售的先锋，而美国在线也不是在线互联网服务的先锋。此外，特列斯和戈尔德还发现，64% 的先锋企业最终倒闭。开拓性创新对社会或许是有利的，但从统计上来看，这对于个别先锋企业来说却是致命的！

我们预想过，如果将这些让人困惑的发现告诉部分 10 倍速领导者，他们或许会感到惊讶，甚至愤怒，比如比尔·盖茨，他肯定会厉声斥责："这是我听到的最愚蠢的事情。"因为在他看来，创新是微软在最初的 30 年里取得成功的核心因素。

事实上，如果我们公开表示"创新是不好的"，那么肯定会被人认为是愚蠢的。但这并不是我们的观点——我们并没有说创新不重要。在此次研究中，任何一家公司都具有创新力。只不过，相对于所处的行业和对比组案例公司而言，10 倍速公司的创新性低于我们的预期。它们的创新足以确保它们取得成功，但从整体来看，它们并不是最具创新力的公司。

我们的结论是，任何一种环境都有一个你必须要迈过的创新门槛。唯其如此，你才能够与竞争者进行博弈。有的行业，比如航空业，其门槛较低；而有的行业，比如生物技术行业，门槛则较高（见表 4–1）。那些无法迈过创新门槛的公司是不可能赢得胜利的。一旦你跨过这个门槛，而这也是让我们感到惊讶的，尤其是在动荡的环境中，创新能力的重要性似乎就要大打折扣。

表 4–1　创新门槛

行业	主要的创新维度	创新门槛
半导体	新设备、新产品、新技术	高
生物技术	新药物研发、科学发现、突破性进展	高
计算机 / 软件	新产品、性能提升、新技术	高
医疗器械	新医疗器械、应用突破	中
航空	新服务特色、新商业模式和实践	低
保险	新保险产品、新服务特色	低

所以，这是一个颇具吸引力的谜题。一种普遍的观点认为，在一个快速变化的世界里，创新可能是成功的第一区分因素。然而，为什么创新无法系统地将 10 倍速公司与对比组案例公司区分开来？这是因为从本质上讲，在既定的环境中，当一家公司达到了生存和成功所需要的创新门槛后，它还需要其他各种因素的推动才能最终成为一家 10 倍速公司，而在这些因素中，尤其重要的是创造性和纪律的结合。

创造性和纪律

1970 年，一家名为“先进记忆系统”（Advanced Memory）的公司打破了 1 000 位存储芯片的障碍，并早于其竞争对手（一家名为英特尔的小公司）数月，在市场上推出了一款精心设计的产品。听起来它似乎没有领先多长时间，但在一场快速变化的技术变革中，在致力于成为行业标准的早期竞争阶段，落后几个月的时间就好比在耗时 4 分钟的 1 英里比赛中落后了 1 分钟。英特尔奋力追赶，在 1970 年年底推出了 1103 型存储芯片。在这场仓促的混战中，英特尔遭遇了一系列问题，其中包括一个可能会删除数据的缺陷（是由表面电荷过量造成的）。那是一个年轻的英特尔，落后竞争对手几个月的时间，而且推出的存储芯片在特定环境下还会失灵！为解决这一问题，在接下来的 8 个月里，英特尔的工程师们每个星期都工作五六十个小时，甚至 70 个小时。“这里就是一家精神病院，”安迪·格鲁夫在 1973 年时回忆说，“我每天都做噩梦，我会在半夜醒来，回想白天里发生的战斗。”

尽管如此，英特尔最终还是赶超并彻底击败了先进记忆系统公司。“我们有更好的设计，但我们在市场上失败了。”先进记忆系统公司董事长说，“英特尔彻底打败了我们。”1973 年，英特尔 1103 型芯片成为当时世界上最畅销的半导体元件，几乎所有主要的计算机制造商都在使用这一元件。

原因何在？

是的，创新确实发挥了作用，英特尔 1103 型芯片被证明是一款非常好的芯片。但更重要的是，英特尔践行了其在1973年时提出的一句口号——“英特尔说到做到”（Intel Delivers）。

“正是我们的这种交付能力使得胜利的天平倾向了我们这一边。”罗伯特·诺伊斯在谈及英特尔早期的成功时说道。英特尔致力于制造、交付和规模化。“我们希望有一个好的工程学设计，”诺伊斯接着说，“并一直销售这种产品。”

> “英特尔说到做到”比“英特尔创新”更容易解释英特尔的10倍速式成功。更准确地讲，在创新跨过了必要的门槛后，英特尔便用它这种可预期成本、高可靠性和一致性交付的能力，以一种完全的、彻底的、疯狂的、执着的方式击败了它的竞争对手。这就是英特尔10倍速式成功的精髓所在。

英特尔的创始人认为缺乏纪律的创新会导致灾难。“这一业务就游走于灾难的边缘。”戈登·摩尔在1973年时说。他的意思是过于热切的技术人员易做出交付的过度承诺，但最终无法以可承受的成本提供性能足够可靠的芯片。事实上，最初版本的摩尔定律（1965年由摩尔提出）关注的重点并不仅是每年将集成电路的复杂性提升1倍（创新要素），而且包括以最低成本提升集成电路的复杂性。坚持摩尔定律是一个纪律游戏，也是一个规模游戏，更是一个系统游戏，而不仅仅是一个创新游戏。在权威著作《硅谷之父：微型芯片业的幕后巨人》中，作者莱斯利·柏林对英特尔初期的发展史做出了如下记录：“在前行的道路上，英特尔所需要的并不是一种实现飞跃式发展的勇气，而是一种纪律，一种以可控方式实现稳步发展的纪律。”在此期间，安迪·格鲁夫曾写了一篇关于英特尔半导体芯片制造方式的文章，他表示：“我们必须实现系统化，我们不会以技术攻关为主。”格鲁夫追求的并不是先进的研发实验室的模式，而是麦当劳的模式。在他的办公桌上放着一个标有“汉堡英特尔”（McIntel）的汉堡盒。在英特尔 1103 型芯片大获成功的 25 年之后，英特尔重新阐述了它的核心价值。那么，在英特尔的领导者看来，排名第一的核心价值是什么？不是创新或创造性，而是纪律。

当然，并不是纪律这一个因素独自成就了这种卓越，卓越的实现缘于纪律和创造性的组合。按照《基业长青》中的话说：这是真正的“和的天才”（Genius of the AND）。正如西南航空公司的总裁赫伯·凯勒尔的一位老朋友所言：“人们不了解的是，赫伯既有爱尔兰人疯狂的创造性，也有普鲁士人无情的纪律。这两种特征同时体现在一个人身上，这是非常少见的。”

一个难以实现的艰巨任务就是将疯狂的创造性同无情的纪律结合起来，以便最大限度地利用这种创造性，而不是毁掉这种创造性。当你把卓越运营同创新结合起来时，创造性的价值就会加倍，而这正是 10 倍速领导者所做的。

这些创新数据的比较让我们陷入了一个进退两难的境地。一方面，当你面对一个不确定的、不稳定的世界时，一味地追求创新并不会使你取得伟大的成功，相反，这甚至还会导致失败。赌注错误的创新或未能执行正确的创新，会让你自己暴露在风险之中。另一方面，如果你只是原地踏步，从不做大胆的或新颖的事情，那么这个世界也不会理会你，而最终的结果就是灭亡。这一困境的解决方案在于用一种更有用的观点，即“先发射子弹，后发射炮弹”来取代一个过于简单化的信条，即“要么创新，要么灭亡”。

先子弹，后炮弹

想象一下，你正在海上，一艘敌船向你冲来，而你只有数量有限的火药。你把所有火药放在一起，发射出一颗巨大的炮弹。炮弹越过海面……但偏离 40 度，没有击中目标。你寻找储备火药，但发现已经全部用光了。结果，你被敌军歼灭了。

假设在敌船向你冲来时，你只是用了一丁点儿的火药，发射了一枚子弹，这枚子弹同样是偏离 40 度，未击中目标。你又上膛了另一颗子弹，并再次发射，这次偏离了 30 度。你上膛第三颗子弹并发射，这次仅偏离了 10 度。下一颗子弹，正好击中了正在向你驶来的敌船。现在，你将所有剩余的火药放在一起，然后沿着刚才的瞄准线，向敌船发射这枚大炮弹并将其击沉。最终，你获胜并存活下来。

1980 年 4 月 14 日，风险投资家威廉 · K. 鲍斯和科学家温斯顿 · 萨尔瑟带领一小群科学家和投资者出席了在加州理工学院举行的一次会议，他们对一家新成立的生物技术公司的相关问题进行了讨论。这家公司没有首席执行官，没有产品，没有市场计划，也没有明确的发展方向。实际上，这家公司就是由一个科学顾问委员会以及一群愿意投资重组 DNA 这一新兴领域的人组成的（其投资额略低于 10 万美元）。公司的想法很简单：聘请最优秀的人才，资助他们运用最新的重组 DNA 技术对一系列想法进行测试，找到可行的方式，制造出一种产品，打造一家成功的公司。

6 个月后，鲍斯说服乔治·拉思曼辞去雅培公司研发副总裁的职务，来领导这家小型的新兴公司，而这家公司就是后来的安进。拉思曼和三名员工在加利福尼亚州千橡树市的一座毛坯建筑内展开工作，而同在这里办公的还有一个福音唱诗班。拉思曼队伍的任务是：第一，聘请最优秀的人才；第二，收集尽可能多的弹药（额外的资金）；第三，寻找成功的路径，打造一家卓越的公司。

但如何做到这些?

安进公司充分利用重组 DNA 技术，并“进行了几乎所有的尝试”。安进公司开始发射子弹——大量的子弹：

子弹：白细胞干扰素，用于病毒性疾病。

子弹：乙型肝炎疫苗。

子弹：表皮生长因子，用于创伤愈合和胃溃疡。

子弹：免疫测定，提升医疗诊断试验的准确度。

子弹：杂交探针，用于癌症、传染病和遗传紊乱的诊断。

子弹：促红细胞生成素（EPO），用于治疗慢性肾病的贫血症。

子弹：鸡生长激素，更好地促进鸡的生长发育。

子弹：牛生长激素，以获得更多的牛奶。

子弹：生长激素释放因子。

子弹：猪细小病毒疫苗，以提高猪的繁殖率。

子弹：传染性胃肠炎病毒疫苗，用于防治猪仔的肠道感染。

子弹：生物工程合成靛蓝，用于印染蓝色牛仔裤。

1984年，促红细胞生成素（刺激红细胞生成的一种糖蛋白，用于治疗贫血症）开始崭露头角。基于科学的进步和安进公司的科学家对促红细胞生成素基因的垄断，安进公司分配了更多的“火药”进行临床试验，以验证其效果，并确保专利不被侵犯。接下来，在完成科学研究和市场评估（美国有20万慢性肾病患者）之后，安进公司发射了一枚炮弹，建立起测试设施，筹集资金进行生产，并成立了一个启动团队。促红细胞生成素成为历史上首个超级炸弹式的生物工程产品。

在此次研究中，我们可以看到，安进公司早年发展史向人们展现了一个关键的模式：先发射子弹，后发射炮弹。首先，你发射子弹，以确定什么是有效的。其次，一旦你有了基于这些子弹的实证信心，你就可以将你的资源集中起来，发射炮弹。在炮弹击中目标后，你要坚持“日行20英里”原则，以便最大限度地利用你取得的成功。

10倍速公司的历史就像是一个到处都是弹坑的战场，子弹乱飞却并未击中目标。回过头来看，人们往往会把重点放在重磅炮弹上，进而给人一种假象，让人觉得10倍速公司的成功缘于一种下大赌注的勇气，即敢于发射重磅炮弹。但历史研究证据呈现的却是另外一个故事，数量众多的子弹淹没于尘土中，而正是因为这些子弹的存在，才使得少量炮弹最终能够击中目标。

子弹是什么?

子弹是指一种实证检验，旨在了解什么有效，以及什么符合以下3个标准：

1. 子弹是低成本的。需要注意的是，子弹的规格会随着企业的发展而变大；市值为100万美元的企业的炮弹在市值为10亿美元的企业那里，或许只是一颗子弹。

2. 子弹是低风险的。需要注意的是，低风险并不意味着高成功率。低风险意味着如果子弹出错或未击中目标，那么其产生的后果的影响是最小的。

3. 子弹是低偏离率的。需要注意的是，这种低偏离率是对于整个企业而言的。对于个人来讲，这可能是高偏离率。

10倍速公司采用的是创新子弹（比如新产品、新技术、新服务和新流程）和并购的混合模式。要想使并购成为一颗合格的子弹，需要满足三个检验条件：低成本、低风险和低偏离率。巴奥米特利用并购开拓新市场，获得新技术，进入新领域，但在这一过程中，它也有一种自我施加的约束——在并购过程中不要产生债务或只产生少量债务，并购后要依然保持强劲的资产负债表，唯其如此，才能确保并购的低风险、低成本和相对的低偏离率。

巴奥米特的对比组案例公司基兰斯纳采用的是炮弹式的并购方式，大肆举债，甘冒风险（见图 4–2）。基兰斯纳的并购必须要达到目标，否则公司会陷入严重的困境。1988 年，基兰斯纳进行了一次炮弹式的并购，以超过公司总股本 70% 的价格收购了奇克医

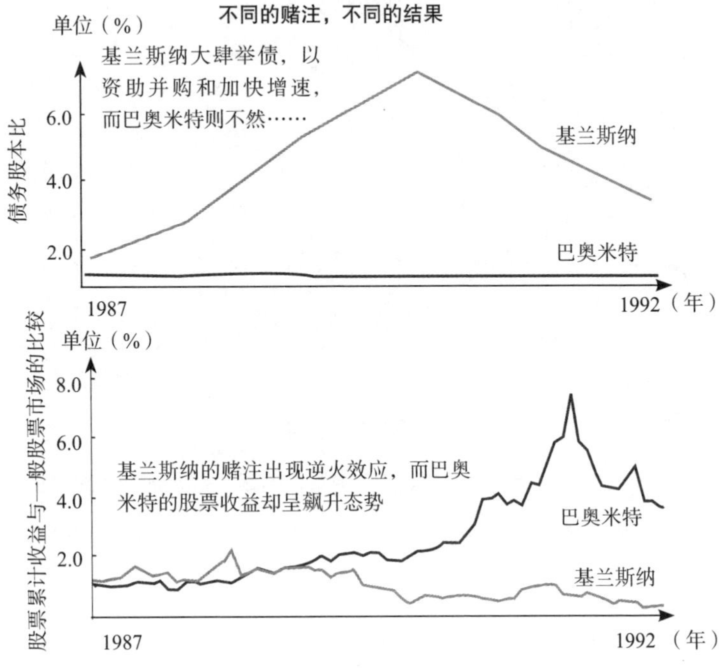

图 4–2　巴奥米特和基兰斯纳

注：1. 债务 = 流动负债合计 + 长期负债合计。

2. 两家公司分别相对于一般股票市场的比值的计算时间是从 1986 年 12 月 31 日至 1992 年 12 月 31 日。

3. 在本书中，股票收益计算的数据均源于 ©200601 CRSP®，芝加哥大学布斯商学院证券价格研究中心授权使用，其保留所有权利。见 http://www.crsp.chicagobooth.edu。

疗公司。这变为一个灾难性的举措，而在奇克医疗的销售团队跳槽到竞争公司后，情况变得更加糟糕。基兰斯纳的这次并购和其他并购，使得公司总负债对股东股本的比值从 43% 飙升至 609%，这使公司处于高风险境地。现金的消耗和债务的冲击，使得公司的重磅炮弹式并购无功而返。基兰斯纳于 1994 年被迫出售给巴奥米特。

非校准炮弹的危险诱惑

遵循“先发射子弹，后发射炮弹”的原则，我们需要开展一系列活动：

- 发射子弹。
- 评估：你的子弹击中目标了吗？
- 思考：在成功击中目标的子弹中，有值得转换为“重磅炮弹”的吗？
- 转换：集中资源，在校准目标后发射炮弹。
- 不要发射尚未校准目标的炮弹。
- 停止发射与最终成功无关的子弹。

无论是 10 倍速公司还是对比组案例公司，它们都发射炮弹。然而，对比组案例公司往往会在校准目标之前就发射炮弹——实证验证是通过实际经验获得的，这导致炮弹很难击中目标。为方便起见，我们将在获得实证验证之前发射的炮弹称为未校准炮弹。10倍速公司更愿意发射已校准炮弹，而对比组案例公司则是未校准炮弹满天飞（10倍速公司的校准率为69%，而对比组案例公司仅为22%）。无论是由10倍速公司发射还是由对比组案例公司发射，已校准炮弹的成功率都是未校准炮弹的近3倍。

1968年，太平洋西南航空公司发射了一枚勇气十足的新炮弹——“飞行–驾驶–睡眠”。从表面上看，这个想法是不错的。站在航空公司的角度看，飞行旅客需要租赁汽车，需要入住酒店。所以，航空公司可以涉足酒店和租车业务。太平洋西南航空公司开始收购和租赁加利福尼亚州境内的酒店（租赁期限是25年），其中就包括永久停靠码头的“玛丽皇后”号邮轮。此外，它还收购了一家汽车租赁公司，并迅速将租赁网点扩张到20个，而汽车数量也超过了2 000辆。太平洋西南航空公司原本可以发射一系列子弹，收购一家酒店，与一家汽车租赁公司建立合作关系，并划定区域。但它没有这样做。相反，它采取了大动作，而不幸的是，“飞行–驾驶–睡眠”这枚重磅炮弹最终射偏了方向，以致公司每年都出现亏损。“我们是极其糟糕的酒店运营者。”太平洋西南航空公司董事长J. 弗洛伊德·安德鲁斯后来回忆说。

然后，20世纪70年代初期，太平洋西南航空公司又发射了另一枚未校准炮弹，以相当于公司股东总股本1.2倍的价格签下了5架型号为L–1011的超宽体喷气式客机的订购合同。要知道，太平洋西南航空公司是一家短途通勤航空公司（超宽体喷气客机并不是很适合这家公司，因为这种客机需要更长的登机时间）。此外，太平洋西南航空公司还对客机进行了特殊改装（比如拓宽出口门和拆掉航食存放处等）。这样一来，如果太平洋西南航空公司急需现金，那么它很难将这些客机再转让给其他航空公司。运转 L–1011 机型计划需要大量的前期投资，比如新型牵引车、保养设备、登机设备和培训费用等。42 000 磅[①]的推力发动机将燃烧更多的喷气燃料；该型号客机拥有 302 个座位，如果上座率达不到 100%，那么每次飞行都会引发巨额损失。

不幸的是，就在太平洋西南航空公司开始将巨型 L–1011 机型投入运营，并决意退出惨败的“飞行 – 驾驶 – 睡眠”计划时，阿拉伯国家发起了石油禁运运动，这导致喷气燃料的价格上升了 1 倍。经济陷入衰退，通货膨胀推动成本上升，太平洋西南航空公司向加利福尼亚州公用事业委员会（机票价格监管机构）提出了涨价申请，要求将票价上调 16%，但该委员会仅批准上调 6.5%。之后，机械师工会罢工。由于该机型航班无法实现上座率 100% 的目标，太平洋西南航空公司最终只好将其封存，之后这些客机再也没有出现在公司的航线上。太平洋西南航空公司财务部门的一位高级副总裁在 1975 年时表示：“我们已经濒临破产的边缘。”

太平洋西南航空公司再也没有恢复它曾经的荣耀，而且它仍在不顾一切地发射未校准炮弹，以期重新获得动力。它试图携手布拉尼夫航空公司成立一家合资公司，希望借此成为一家全国性的航空公司（后来布拉尼夫航空公司破产了，合资计划未能成行）；它放

① 1 磅 ≈0.453 千克。——编者注

弃了公司极简服务模式；它转向麦克唐纳－道格拉斯公司寻求小型客机（原本与波音的合作是非常成功的）；它进军油气勘探业务领域。而以上这些举措都是在公司遭遇了一系列破坏性事件重击的情况下开展的。放松管制使得太平洋西南航空公司面临极其惨烈的竞争；L–1011 系列机型对洛克希德发起的诉讼，引发了公司财务紊乱；飞行员罢工使得航线关闭了 52 天之久；在转向购买麦克唐纳－道格拉斯的 DC-9-80 机型后，公司遭遇了延期交付的情况，这使得公司在罢工风波结束后，又陷入了飞机短缺的困境，从而损害了公司长期建立起来的可靠且准时的声誉。更令人沮丧的是，一架赛斯纳学员训练机在圣迭戈撞上了一架正在降落的太平洋西南航空公司的 727 客机，这两架飞机坠毁。“塔台，我们正在下坠，”航班飞行员说，“我们是太平洋西南航空公司。”

最终，1986 年 12 月 8 日，太平洋西南航空公司被出售给全美航空公司。太平洋西南航空公司客机上的标志性笑脸变成了打呵欠的表情，而这都是心怀不满的工作人员的“杰作”。原公司的客机改头换面，成为另一家大型航空公司的飞行器。

> 太平洋西南航空公司的惨败表明，在充满不确定性的、动荡不安的世界里，发射未校准炮弹是非常危险的。如果一家公司发射的未校准炮弹没有击中目标，而这时它恰好又遭遇了一系列事件的冲击，那么最终它面临的结果可能是灾难性的。

当然，我们在这里关注的是那些没有击中目标的未校准炮弹。

但如果你发射的未校准炮弹击中了目标，结果又会怎样？如果有足够大的潜在回报，或许我们对未校准的重磅炮弹下大注是值得的。但颇具讽刺意味的是，如果所发射的未校准炮弹击中目标，带来庞大的意外之财，那么由此产生的危险可能比炮弹未击中目标还要大。要记住，从错误的程序获得好的结果是非常危险的。正确的程序并不一定带来好的结果，而错误的程序也不一定带来坏的结果，但由错误的程序带来的好的结果——发射未校准炮弹却意外取得了成功——只会进一步强化这种错误的程序，并将会导致更多未校准炮弹的发射。

你会建议你的朋友或亲戚前去拉斯维加斯，并将一半的净资产全部押在轮盘赌的一次赌注上吗？假设你的朋友相信只有冒高风险才能获得高回报，比如轮盘赌，他去了拉斯维加斯，下大注，并赢了。那么，回到家后，他就会说："看，押宝轮盘赌是一个好主意，你看看我的成功。下个星期我还要去，并押上我所有的资产！"

10 倍速公司吸取失败的教训

在校准炮弹方面，10 倍速公司也并非拥有完美的记录。西南航空公司在 20 世纪 80 年代初期收购了 Muse Air 航空公司，这是与其常规的成熟模式相悖的一个大举动，最终宣告失败。英特尔在 20 世纪 90 年代后开发的一个不成熟的技术，试图在个人电脑产业引入一种新的存储技术，以取代 RAMBUS 技术，最终宣告失败。但 10 倍速公司发射未校准炮弹的案例是非常少的，即便采取了这样的行动，它们也会迅速从错误中吸取教训，然后重新回到先子弹后炮弹的轨道上来。

在公司发展史上，前进保险公司在大多数时间都严格遵循一条明确的指导原则，以防止发射未校准炮弹，这条原则就是，在实现持续盈利之前，任何新业务的收入都不得超过公司总收入的 5%。前进保险公司在 20 世纪 80 年代中期进军载重汽车运输领域和公交系统保险领域时，打破了这一规则，在不到 2 年的时间里，这两项业务的净签单保费收入便从零飙升至 6 100 万美元（几乎达到了前进保险公司保费收入的 8%）。尽管有 23% 的承保亏损，但在一年之中，载重汽车运输保险部门的员工还是增加了近 9 倍，而次年，保费收入几乎翻了两番。“我们认为这个市场上都是开大车的不合格的司机。”前进保险公司的一位高管说。但这个市场已经发生了非常大的变化；载重汽车运输公司比单个司机更具有议价能力，而且它们有大量经验丰富的律师应对索赔纠纷。这是一场“财务上的灾难”，刘易斯在谈及之后发生的 8 400 万美元亏损时说道。他承认，“公司陷入这样一个困境，我觉得是一种耻辱”。然后，他指着镜子中的自己说：“这完全是我的责任。”

即便是 10 倍速公司也会犯错，而且有时候是发射未校准炮弹的大错。但它们会把所犯的错误视为高昂的学费：舍弃某业务，吸取其中的教训，运用所学的经验，不再犯同样的错误。对未校准炮弹带来的灾难，对比组案例公司采用的弥补方式是再次发射未校准炮弹，而 10 倍速公司则选择回归纪律，仅在已获得实证验证时才发射炮弹。

前进保险公司宣誓不再犯发射未校准炮弹的错误，并在之后将吸取的教训应用到标准汽车保险业务中。前进保险公司的成功主要是建立在非标准汽车保险业务上的——向传统保险公司不愿意承保的高风险司机出售保险。如果前进保险公司进军标准汽车保险业务并向广大司机出售保险，那么结果会怎样？前进保险公司的高管并不知道答案，但他们知道如何找到答案：发射子弹。

1991 年，前进保险公司在它比较熟悉的几个州进行试验，比如得克萨斯州和佛罗里达州。两年后，它继续发射子弹，在更多的州对标准汽车保险进行测试。子弹、子弹、子弹……每一颗子弹都有结果，每一颗子弹也都验证了公司的想法。然后，到 1994 年，在实证验证的基础上，我们已经证明我们可以这样做，前进保险公司集中了大量的火药，发射了一枚炮弹，承诺公司完全转向标准汽车保险业务。1996 年年底，前进保险公司已经在其承保范围内的全部 43 个州推出了标准汽车保险业务。在 5 年的时间里，标准汽车保险业务份额占了前进保险公司近 50% 的业务量。而到 2002 年时，前进保险公司一跃成为美国汽车保险领域的第四大公司。

基于分别发射未校准载重汽车运输保险炮弹和已校准标准汽车保险炮弹而形成的有趣对比，前进保险公司决定不向不动产保险业务领域进军。乍看起来，销售不动产保险似乎是一项不错的业务。为什么我们不能让顾客把车险和住房险捆绑在一起？我们可以想象，对于这样一个举措，肯定会有大量关于协力效应的分析以及各种战略依据，这甚至还有可能导致一次规模庞大的并购。但前进保险已经吸取了教训：不管有多少幻灯演示支持这种想法，唯有实证验证才能了解一件事情是否真正可行。所以，就像进军标准汽车保险业务领域一样，前进保险再次发射子弹，在多个州进行了测试。然而，不同于在标准汽车保险领域发射的子弹，不动产保险的子弹并未击中任何目标。因此，前进保险放弃了这一想法。

前进保险的三次战略决策——载重汽车运输保险（未校准炮弹）、标准汽车保险（发射已校准炮弹）和不动产保险（先发射子弹，后决定不再发射炮弹）——都着重强调了一个大教训：在不稳定的、不确定的和快速变化的环境中，依靠纯粹的分析可能不会取得成效，而且还有可能会被置于死地。分析技能当然重要，但实证验证更重要。

最基本的原则就是：实证验证。你需要有创造性，但同时，要通过实证验证你的创意思维。你甚至都没有必要成为那个发射所有子弹的人，你可以学习其他人的实证经验。由于放手一搏的商业模式是直接复制已经得到太平洋西南航空公司实证验证的，西南航空公司成为历史上最成功的新兴公司之一。罗尔德·阿蒙森基于已验证的技巧——比如因纽特人数百年来就已熟练掌握的狗拉雪橇的技巧——制定了自己的策略。（与之相对，罗伯特·法尔肯·斯科特则下注新开发的“机动雪橇”，而这种工具在极端的极地环境中从未进行过全面测试。）比创造性更为重要的是首先找到可行的方式，要比别人做得更出色，然后充分利用“日行 20 英里”原则。

实证验证而非预测天赋

在开始这项研究时，我们觉得10倍速领导者在预测能力方面可能会占据上风，从而使得他们比其他人看得更远，而他们的成功也正是缘于这种预测天赋。但我们发现事实并非如此。即使是伟大的软件天才比尔·盖茨，也没有特殊的预测能力。他从来没有想到为IBM（国际商业机器公司）个人电脑提供的操作系统会成为市场的老大；在IBM突然问及微软能否为它提供操作系统时，盖茨的关注重点尚在计算机语言上。此外，微软成为互联网浏览器市场的老大，这也不是由盖茨带领实现的。

1987年，比尔·盖茨遇到了一个难题：选择DOS/Windows系统，还是OS/2系统。一方面，IBM个人电脑已经成为基于MS-DOS系统的标准，而微软已经在DOS下运行Windows系统，以让Windows获得早期标准优势。另一方面，IBM已经做出了打造新的操作系统的承诺，并已与微软共同开发后来为人们所熟知的OS/2系统。1987年4月，IBM推出了安装有先进的OS/2系统的新型电脑，引起行业震动，而盖茨当时预测，在两年内OS/2系统将会占据主导地位。

然而，在同一时间，盖茨悄无声息地发射子弹，继续进行Windows系统的开发。毕竟，如果OS/2系统失败了，那么该怎么办？如果DOS标准难以攻克，即使是IBM，也无能为力，那该怎么办？如果软件公司不愿意在OS/2系统上运行它们的软件，造成新型电脑缺乏广泛的软件支持，那该怎么办？对各种可能出现的情况，微软都要有所准备。而这正是具建设性的焦虑。一向持怀疑态度的盖茨担心微软会因各种不确定性而遭遇风险，因此，尽管公司内部也有一些强有力的阻力，但是他还是安排了一部分人继续从事 Windows 系统的开发，而这样做的目的只是以防万一。盖茨非常清楚，他的聪明程度还不足以准确地预测 OS/2 系统可能出现的问题。

到 1988 年年底，OS/2 系统仅占有 11% 的市场份额。虽然对于 IBM 来说这是一个坏消息，但对于微软来说情况却未必如此，正如《商业周刊》所言："从某种程度上讲，微软不可能输。如果 OS/2 的市场份额萎缩，那么 MS-DOS 的市场份额就会赶上去。"盖茨仍坚持 OS/2 系统会赢得胜利的预测，至少在公开场合他是这样讲的，但实证证据已经开始朝着有利于 Windows 系统的方向发展。"有谁预测过……1989 年将会是微软 Windows 系统之年，而非 OS/2 系统之年？"《电脑周刊》写道，"但事实似乎就是这样的。"在推向市场仅仅 4 个月后，Windows 3 的销量就达到了 100 万张，而与此相对的是，OS/2 在 3 年里只卖出去了 30 万张。

于是，盖茨全力下注 Windows 系统。1992 年，Windows 系统每月的销量已经超过 100 万张。之后，盖茨开始开发 Windows 95。这枚炮弹正中目标，仅用 4 天，Windows 95 的销量就达到了 100 万张，微软占据了主导地位。微软仍在继续前行，遵循"日行 20 英里"原则，并让其发挥最大效用。

在未来预测方面，10 倍速领导者并不具有任何特别的天赋。比尔·盖茨是 20 世纪最伟大的商业天才之一，如果连他都无法准确预测其所处环境中将要发生的事情，那么你没有理由期望其他人能够成功地实施“预测未来并做好充分准备”的战略。

让我们感到欣慰的一个发现是，要想在不确定的环境中蓬勃发展，你并不需要任何特殊的预测能力。如果你不知道接下来将会发生什么，实际上也没有人知道将会发生什么，那么本章的内容便为你勾勒出了取得进步的方法。据此，你不会因生命中的不确定性而陷入深渊。至此，你已经了解到 10 倍速领导者是如何应对不确定性和各种变化的。因此，我们也要开始改变我们的方法乃至我们的术语，不再试图预测未来，也不再试图通过分析来获得“正确”答案。相反，我们开始提出类似这样的问题：

我们如何通过子弹达到了解的目的？

我们如何发射这样一颗子弹？

别人发射的是什么子弹？

这颗子弹告诉我们的是什么？

我们需要发射另一颗子弹吗？

我们是否有足够的实证验证来支持发射一枚炮弹？

如果你知道哪些子弹可以充当炮弹，那么你直接发射这些子弹就好了。但问题是，你并不知道，所以你需要发射子弹，你需要知道很多子弹是不会击中任何目标的。但最终，会出现一个发射时刻，也就是说，这时你已经有了足够多的发射炮弹的验证证据。如果你只是发射子弹，却从不致力于大赌注或大胆的目标，那么你永远不会取得卓越的成就。

苹果的重生：子弹、炮弹和基于纪律的创造性

当史蒂夫·乔布斯在21世纪初决定进军苹果零售店时，他知道自己无从下手。由于缺乏实证经验，他问："谁是最优秀的销售高管？"答案是时任盖璞公司首席执行官的米拉德·德雷克斯勒。于是，乔布斯诱使他加入苹果董事会，并从他身上学习所能学到的一切。德雷克斯勒对乔布斯说，不要一下子就推出几十家店面。相反，先去考察一家大型零售商店，以此为原型进行设计，并在设计中不断改进，直到满意为止（子弹、子弹、子弹）。在进行了充分的测试之后，我们再把它推向世界（炮弹）。而乔布斯也正是这样做的。事实上，第一个版本的店面并未达到预期效果。"我们的感觉就是，'哦，天哪，我们陷入了泥潭'。"乔布斯说。所以，乔布斯和零售部门高管罗恩·约翰逊对零售店进行了重新设计，紧接着进行测试，然后再循环上述过程，直到满意为止。最初的两家零售店分别设在弗吉尼亚和洛杉矶，而在这两家商店取得成功后，他们才开始进一步推进。子弹，校准，子弹，再次校准，炮弹。

史蒂夫·乔布斯在1997年重返苹果。因与苹果首席执行官约

翰·斯卡利意见不合（斯卡利在20世纪80年代初被乔布斯请到苹果，帮助自己运营公司），乔布斯在1985年被赶出了其一手创建的苹果，而在此之后的12年里，乔布斯一直在高科技荒原游荡。你可以想象一下，他有多么愤怒，他是被人从自己创建的公司中赶走的。而之后的这段时间，苹果也经历了多位首席执行官，但他们都不知道如何打造一家卓越的公司，其间公司的股票累计收益还不及一般股票市场的40%。在乔布斯回归时，几乎没有人认为苹果会重新成为一家卓越的公司。在被问及如何经营苹果公司时，戴尔电脑创始人迈克尔·戴尔在关于新产品Gartner Symposium ITxpo 97的研讨会上对听众说："我会怎么做呢？我会关掉它，然后把钱还给股东。"

在接下来的5年里，从1997年年底到2002年，苹果的业绩表现是一般股票市场的127%，且仍在继续前进，并最终于2010年成为世界上市值最高的科技公司。

为使苹果公司重回正轨，乔布斯最先做的是什么？不是iPod（苹果公司音乐播放器），不是iTunes（一款数字媒体播放应用程序），不是iPhone（苹果公司智能手机系列），也不是iPad（苹果平板电脑）。首先，他强化了纪律。这是一个正确的抉择，因为没有纪律，我们就不可能有从事创意工作的可能性。他聘请了世界级的供应链专家蒂姆·库克，由此，乔布斯和库克形成了一个有关创意和纪律的互补组合。他们削减津贴，停止资助公司的休假项目，提升运营效率，降低整体成本结构，并让员工践行苹果成立初期所倡导的"夜以继日"的工作理念；营业间接成本下降；现金对流动负债比值上升1倍，后又上升2倍。长期债务减少了2/3，而总负债对股东股本的比值在1998年到1999年下降超过一半。现在，你或许会想："没错，财务改善之后，自然就会有创新突破。"但事实上，所有这些都是在苹果推出iPod、iTunes或iPhone之前进行的。任何无助于公司创造伟大产品的事情，无论是员工喜欢的还是不喜欢的，都被一一剔除，并被彻底删除。

苹果首先做的是什么产品？公司重新致力于史蒂夫·乔布斯在10多年前所参与创建的一款产品，而直到现在这也是一个拥有巨大价值的"大发明"：麦金塔个人电脑。苹果相继推出了电脑PowerMacs、Power-Books和iMac。乔布斯首先追求的不是"下一个大发明"，而是最大限度地利用公司已经拥有的"大发明"。

然后，在乔布斯回归苹果整整4年后，公司才在实证验证的基础上迈出了一小步。在苹果致力于麦金塔个人电脑时，公司的高墙之外发生了新变化：纳普斯特（Napster）的音乐共享和引入MP3数字音乐播放器。在接受《财富》杂志布伦特·施兰德的采访时，乔布斯说他觉得自己就像一个傻瓜，完全没有注意到纳普斯特、数字音乐文件分享和MP3播放器的崛起。"我想我们已经错过了机会。"乔布斯继续说道，"我们必须全力追赶。"

我们不妨先考虑一下在苹果开始开发iPod之前的所有实证事实：年轻人喜欢分享音乐；MP3播放器的出现可以让他们随时随地收听音乐；MP3播放器的容量有限；苹果拥有超凡的能力，可以让"我们所有人"与科技相连；若将足够酷的MP3播放器装进麦金塔个人电脑，那么这还有助于进一步拓展麦金塔个人电脑的市场份额；苹果员工希望他们自己也拥有一个强大的 MP3 播放器和音乐库；现有技术已经足够打造一款性能更佳的 MP3 播放器——东芝的小型硬盘，索尼的微型电池，德州仪器的火线接口，以及 PortalPlayer（一家半导体公司）的 MP3 硬件设计图。

于是，苹果举公司之力，为麦金塔个人电脑打造了一款极佳的 MP3 播放器，并推出了支持软件，但它并未因此而开展跨越式推进活动。苹果公司本身似乎并没有将 iPod 视为一个重大的新产品种类，而更多的是把它视为一种延伸产品。苹果在其 2001 年的 10-K 表格中将 iPod 简单地描述为“苹果数字中心战略中一款重要的、自然延伸的产品”，这是基于麦金塔个人电脑而产生的；不过它并不是一款革命性产品，它只是苹果基于其战略而迈出的发展性一步。2002 年，iPod 在苹果的整个投资组合中所占的份额依然很小，不足公司净销售额的 3%，既不值得在苹果的财务报表中单独列出，也不值得在公司业务描述的第一段就予以提及。iPod 是一颗非常酷的子弹，但它也只是一颗子弹而已。

苹果仍在进行实证验证。人们喜欢 iPod，顾客喜欢麦金塔个人电脑中搭载的 iTunes，iPod 的销量在一年内涨幅超过 1 倍。当时音乐产业面临非法下载音乐的严峻挑战，苹果员工希望通过一种简便的方式合法地下载音乐。

于是，苹果采取了下一步措施，推出了在线音乐商店，与音乐产业达成协议，以每首歌曲 99 美分的价格提供音乐下载服务。这同样也取得了成功，而苹果也拥有了更多的实证验证。如果能够以合理的价格、便捷的方式提供音乐下载服务，那么数以百万计的人将会选择购买音乐，而不是非法下载音乐。人们强烈要求苹果对装有Windows系统的个人电脑提供iTunes服务。而装有Windows系统的个人电脑超过10亿台。

最终，基于所有的这些实证验证，苹果发射了一枚重磅炮弹，即为搭载Windows系统的个人电脑推出iTunes和iPod服务，此举一下使苹果的潜在市场增长了近20倍。“iPod并不是一个新的产品类别。”乔布斯说，“这不是一个投机市场……并不是说你推出了一个信息设备或一款技术产品，然后寄希望于这个市场一直存在下去。”而苹果也未就此止步。它仍在不断地对产品进行改进，最大限度地利用这个新的“大发明”：除了iTunes商店的电影、视频文件、电子书和电视节目外，还有iPod Mini、iPod Click Wheel、iPod Photo、iPod 30GB、iPod 60GB、iPod 80GB、iPod Shuffle和iPod Nano。在3年内，iPod系列的单位产品销售量超过了麦金塔个人电脑的单位产品销售量。

回过头来看，iPod的故事阐明了至关重要的一点：一个取得巨大成功的、基于实证验证而非预见天赋的多步骤迭代过程，看起来更像是一个一蹴而就的创意突破。实际上，严明的纪律和基于实证主义的创造性的结合，比突破性创新更容易解释苹果的复兴。

史蒂夫·乔布斯本人也持同样的观点。在1985年被赶出自己一手创建的公司之后，乔布斯进入了高科技的荒原，但他从没有停止前进的步伐，一直不断地学习和提升自己。乔布斯本可凭借其积累的财富过一种轻松舒适的生活，但他没有。他成立了一家名为NeXT的新公司，致力于新操作系统的开发，并与皮克斯动画工作室建立了合作关系。在离开苹果的这12年里，乔布斯把自己从一个充满创意的企业家，转变为一个恪守纪律的创意公司的缔造者。乔布斯向来都知道如何打造卓越产品，他需要学习如何打造一家卓越的公司。

严明的纪律和基于实证主义的创造性是一个硬币的两面，也是公司取得10倍速式成功和保持长久卓越的必要条件。但是仅依靠它们是不够的，因为如果你被踢出了游戏，那么你所有的创意和纪律都会归于零。20世纪90年代中期，苹果作为一家独立公司几乎毫无影响力，由于业绩表现得太过糟糕，公司的领导考虑将它出售给另外一家公司。由于公司董事会无法与潜在的并购者就相关条件达成一致，并购事宜被延期执行，而此后不久，乔布斯回归。如果苹果被并购，那么这个世界上很可能不会再有iMac、iPhone、iPod、iPad。实现卓越需要丘吉尔式的永不放弃的决心，也需要有应对重大失败、厄运、灾难、混乱和动荡的充分准备。在一个稳定的、可预测的世界里，领导一家公司，拥有严明的纪律和基于实证主义的创造性或许已经足够了。但在一个不确定的、不稳定的世界里，我们还需要一种具建设性的焦虑，而这也正是我们在下一章所要介绍的内容。

小结

关键点

- 相比于飞跃式的创新和预测天赋，“先发射子弹，后发射炮弹”的方法，可以更好地解释 10 倍速公司的成功。
- 一颗子弹是一个低成本的、低风险的、低偏离率的测试或试验。10 倍速公司利用子弹，以实证验证的方式确定什么是真正可行的。基于这种实证验证，它们会将资源集中起来，然后发射一枚炮弹，确保通过集中下注获得大的回报。
- 就我们的 10 倍速公司而言，它们发射了很多未击中任何目标的子弹。它们事先并不知道哪些子弹会击中目标或哪些子弹会取得成功。
- 炮弹分为两种类型：校准炮弹和未校准炮弹。校准炮弹是建立在实际经验——实证验证——的基础上的，是很有可能取得成功的重磅赌注。发射未校准炮弹意味着公司在没有实证验证的情况下决定放手一搏。
- 未校准炮弹有可能会导致灾难。就我们研究的公司而言，如果碰巧在发射未校准炮弹时遭遇大规模动荡事件，那么它们就会使自己处于高风险境地。相对于 10 倍速公司，对比组案例公司更有可能发射未校准炮弹。
- 10 倍速公司会周期性地犯一些发射未校准炮弹的错误，但通常它们会很快做出自我纠正。与此相对，对比组案例公司常常会通过发射另一枚未校准炮弹来弥补它们此前的错误，从而使问题变得更加严峻。

- 在校准后，炮弹发射失败会导致中等程度的后果。问题的关键并不在于发射子弹还是炮弹，而在于先发射子弹，后发射炮弹。
- 如果并购是低风险、低成本且偏离率相对较低的，那么这种并购也可以是子弹。
- 一个艰难的任务就是将无情的纪律和创造性结合起来，既不让纪律阻碍创造性，也不让创造性破坏纪律。

意外发现

- 就创新力而言，10 倍速公司并不总是强于对比组案例公司。在部分对比案例中，10 倍速公司在创新方面并不及它的对比组案例公司。
- 我们认为，任何环境中都有一个创新门槛，而只有跨过这个最低的门槛，你才有资格参与博弈和竞争。有的行业的创新门槛比较低，而有的行业的创新门槛则非常高。然而，一旦跨过了创新门槛，创新能力的重要性似乎就要大打折扣了。
- 就预测即将到来的变革和即将发生的事件而言，10 倍速领导者的能力并不见得比对比组案例公司的领导者强。10 倍速领导者并不是有远见的预测天才，他们都是实证主义者。
- 相对于一蹴而就的突破性神话，创造性和纪律的结合，即持之以恒的创新能力，可以更好地解释一些最伟大的成功故事——从英特尔到西南航空公司，从安进早期的发展史到史蒂夫·乔布斯执掌下的苹果的复兴。

关键问题

- 以下哪种行为是你最需要提升的？
  - 发射足够数量的子弹。
  - 抵制诱惑，拒绝发射未校准炮弹。
  - 在获得实证验证后，致力于将子弹转化为炮弹。

第五章

超越生死线

有了生命的出现，就有了危险的存在。

——拉尔夫·沃尔多·爱默生

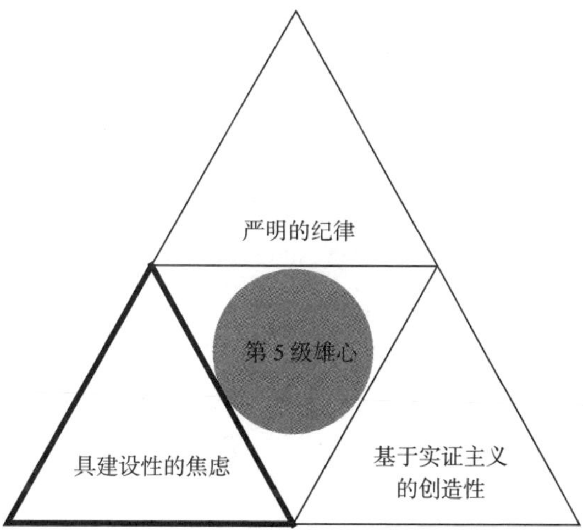

1996 年 5 月 8 日晨，在珠穆朗玛峰被冰雪覆盖、海拔 24 500 英尺的三号营地，戴维·布雷西尔斯已经做好了向南坳进发的准备，并试图将他所谓的“猪”带到顶峰。这个“猪”实际上是一台 42 磅重的 IMAX（巨幕电影）摄像机，目的是在地球之巅拍摄第一部 IMAX 影片。

放眼望去，3 000 英尺以下的景象让布雷西尔斯有些惊慌。一支超过 50 人的登山队伍正从二号营地出发，穿越冰山，朝着布雷西尔斯及其团队的方向进发。在这批攀登世界之巅的登山者中，有一些人是由经验丰富的向导罗布·霍尔和斯科特·费希尔带领的。而此时，布雷西尔斯及其团队成员已经精疲力竭；在前一天晚上，肆虐的狂风剥夺了他们的睡眠，团队成员已经处于崩溃的边缘。

布雷西尔斯开始停下来想：如果持续的风暴导致他们的行程延期一天，如此山下成群的登山者就会赶上他们，那么结果会怎么样？如果成群的登山者刚好在布雷西尔斯准备拍摄顶峰风景时登上顶峰，那么结果会怎么样？如果数十名登山者拥挤在离顶峰只有一步之遥且每次仅可以通过一人的“希拉里台阶”，那么结果会怎么样？如果这么多人一起通过，导致锚定的绳索脱落，那么结果会怎么样？如果前一天晚上的狂风预示着天气的变化，那么结果会怎么样？如果突如其来的风暴席卷了整座高山，导致登山者陷入万劫不复的境地，那么结果会怎么样？如果在他急着下山时恰好被一群经验不足的登山者，他们身体孱弱、精疲力竭且已失去方向，堵在路上，那么结果会怎么样？

布雷西尔斯组建的是世界上最优秀的摄影登山队。对自己的想法，他与两位值得信赖的伙伴埃德·维耶斯图尔斯和罗伯特·肖尔进行了协商。两人都表示同意，认为当下这个条件攀登顶峰的确有些不合适。然后，他们做出了一个明确的决定：将设备放在三号营地。先下山，过几天等人少了再重新回到这里。

在下山的路上，布雷西尔斯与罗布·霍尔不期而遇。高个子的霍尔看起来信心十足，他指挥着一小群向导和登山者慢慢向顶峰攀爬，而且在此过程中依然保持着军事行动般的精确性。布雷西尔斯感到有些懊恼，因为天气变得晴朗且平静下来，几乎可以用舒适来形容，所以当霍尔看到布雷西尔斯在这样一种天气下下山时，他感到颇为诧异。霍尔继续朝着顶峰进发，而布雷西尔斯则反向而行，径直前往海拔较低的营地。很快，布雷西尔斯又遇到了另外一位向导——斯科特·费希尔。头发蓬乱的费希尔浑身充满了力量，露出了孩子般的笑容，他对登山运动有着非凡的热情。同霍尔一样，费希尔对布雷西尔斯下山的决定也提出了质疑，而布雷西尔斯给出的回答是：大风、不可预测的天气，以及同一时间的登山者过多。费希尔露出自信的笑容，并继续朝着顶峰行进：在这样一个异常舒适的天气状况下登山，他所表现出来的只有招牌式的乐观主义和极其愉悦的心情。

布雷西尔斯再次见到霍尔和费希尔时已经是15天之后了，而地点则是在前往顶峰的路上。霍尔和费希尔已经被冻死在高山上，而这也是珠穆朗玛峰历史上最大的一次灾难：24 小时内有 8 人死亡。

具建设性的焦虑

很多人是通过乔恩·克拉考尔的著作《进入空气稀薄地带》，了解到 1996 年发生在珠穆朗玛峰的这个故事的；如果您没有读过克拉考尔的这本书，那么我隆重地推荐您读一下。此外，还推荐您读一下戴维·布雷西尔斯的超级好书《极地珠穆朗玛峰》。如同阿蒙森和斯科特一样，我们在这里做了一个比较：在同一天登同一座山，两个团队的领导者都背负着责任的重担，也承受着商业的压力（一方是带领委托人登上顶峰，并由此获得高额酬金；另一方需要完成一个数百万美元的电影项目），两队的领导者都拥有丰富经验，然而只有一方带领他的团队取得了 10 倍速式的成功，实现了在珠穆朗玛峰顶峰拍摄 IMAX 电影的伟大目标，而且在拍完影片之后，还带领全队成员安全返回驻地。

我们很容易把关注的重点，放在他们在珠穆朗玛峰攀登中所做的重要决定上。布雷西尔斯在 5 月 8 日做出了下山的审慎决定，而或许正是这一决定拯救了他的探险活动，甚至拯救了整个团队成员的性命。然后是罗布·霍尔的决定，为了等委托人道格·汉森登上顶峰，他忽视了周转时间[①]，而且延迟了不是几分钟而是几小时。但

① 周转时间是登山队预先设置的一个时间，即不管天气情况如何，在登顶之后都必须在这一时间内下山，以保持一个更大的安全边际，确保登山队员能够在白天完成下山任务。

若将关注重点放在下决定的时间节点上，那么这会模糊我们的观点，而且会限制我们的认识。从 10 倍速的成功模式来看，最重要的决定并不是在山上做出的决定，而是在登山前做出的决定，是在几个月前做出的决定，是布雷西尔斯在波士顿计划和筹备登山活动时做出的决定。

布雷西尔斯及其登山团队携带了足够多的氧气袋（可供多次登顶使用），以及足够多的补给物资（可在珠穆朗玛峰额外多待 3 个星期）。布雷西尔斯在 5 月 8 日决定下山，是因为他还有足够的储备。正是在这种情况下，他才选择下山，才选择等待更好的天气。与此不同，罗布·霍尔的登山队携带的氧气袋仅够一次登顶使用。一旦向导决定登顶，他们就只有一次机会，要么成功，要么失败；不同于布雷西尔斯，他们没有下山等待改日登顶的选项。在预定的周转时间已经被耗尽的关键时刻，他们打破了周转惯例，使自己暴露在狂风暴雪和无底的黑暗之中。在暴风雪席卷而来时，布雷西尔斯将其团队携带的超过一半的氧气袋捐献出来，以期拯救其他被困的登山队员的性命。这是一个伟大的举动，因为这很可能导致他数百万美元的电影计划泡汤。但即便出现了这种情况，他还是在悲剧发生后集中了足够多的资源，并在约两个星期后成功登顶完成了拍摄任务。

布雷西尔斯攀登珠穆朗玛峰的策略，是阐明本章观点的典型案例，即 10 倍速领导者在领导公司时充满具建设性的焦虑。在我们的研究中，10 倍速赢家都会对所处的环境进行假定。在他们看来，环境是可变的，而且经常处于意想不到的、剧烈的、快速的变化之中。对持续变化的环境，他们保持着高度警惕，并会不断地发问："如果出现意外该怎么办？"他们提前准备，建立储备，保持"非理性的"较大的安全边际，限制风险，而且他们无论在繁荣时期还是在衰退时期都恪守纪律，以实力和灵活性处理突发事件。他们深知，只有经历过错误，才能够从中吸取教训。

图 5–1 阐述了这一观点。图中上升的曲线代表"10 倍速之旅"；不规则的尖峰代表你在 10 倍速之旅中遇到的"好的事件"和"坏的事件"。需要注意的是，图的最下面有一条标注为"生死线"的水平直线。在该图中，"触及生死线"意味着公司直接倒闭或遭遇严重冲击，再也无法追求成为长久卓越公司的目标。这里所要表达的思想很简单：一旦你触及了"生死线"，那么你的 10 倍速之旅就终止了——游戏已经结束！

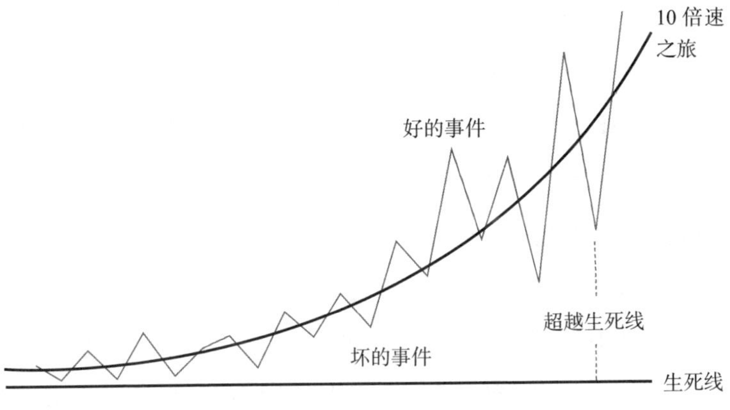

图 5–1　10 倍速之旅和生死线

在本章中，我们对围绕研究主题的三组核心实践进行了考察。若以具建设性的焦虑来领导和打造卓越企业，这些实践是不可或缺的。

- 具建设性的焦虑 1：建立现金储备和缓冲地带（氧气袋）以提前应对突发事件和厄运。
- 具建设性的焦虑 2：限制风险—生死线风险、非对称风险和不可控风险，并管理时限风险。
- 具建设性的焦虑 3：先拉远，后拉近，对持续变化的环境保持高度警惕并做出有效应对。

具建设性的焦虑 1：额外的氧气袋——风暴来临前应做的准备工作

把英特尔视为布雷西尔斯；把在微电子行业打造一家卓越公司视为携带 IMAX 摄像机攀登珠穆朗玛峰；把现金储备和保守的资产负债表视为氧气袋和其他补给物资。到 20 世纪 90 年代末，英特尔的现金头寸已经超过 100 亿美元，相当于其年收入的 40%（而美国超微半导体公司的现金收入比仍处于 25% 以下）。拥有如此高的现金水平或许是不理性的，而且在 95% 的时间里它是低效的，但英特尔领导层担心的是剩余 5% 的时间，因为这可能会发生毁灭整个行业的灾难性事件，也可能会出现对公司造成严重冲击的突发性事件。在这些罕见的却不可避免的场景中，英特尔可以继续坚持“日行 20 英里”原则，可以继续保持它的创造性，可以继续进行它的发明，可以继续追求成为一家长久卓越公司的目标。金融理论认为，领导者在公司中囤积现金，实际上是对资本部署的一种不负责任的做法。在一个稳定的、可预测的、安全的世界里，这一理论或许可以站得住脚。但问题是，世界并不是稳定的，并不是可预测的，也并不是安全的，而且永远都不会是。

我们对 10 倍速公司和对比组案例公司共计 300 年的资产负债表进行了系统分析，发现有充分的证据表明 10 倍速公司携带有额外的氧气袋。相对于《金融经济学》杂志对 87 117 家公司分析后所得到的现金资产比值中位数，10 倍速公司的现金资产比值是该比值的 3~10 倍。在打造财务缓冲能力和冲击减震能力的问题上，10 倍速公司的表现是偏执的、反常的。而这并不仅仅是一种行业效应。在对 10 倍速公司和对比组案例公司的数据进行详细分析时，我们发现在管理资产负债表方面，前者比后者更加保守；在 80% 的时间里，10 倍速公司的现金资产比值和现金负债比值都要高于其对比组案例公司。

我们想知道的是，10 倍速公司是否在历史上一直坚持这种审慎的财务纪律，也就是说，在尚未成为可产生大量现金的大型成功公司之前，作为小公司的它们是否也一贯如此。为此，我们对这些公司首次公开募股（IPO）后 5 年内的数据进行了分析，发现这种情况早已经存在，即相对于对比组案例公司，10 倍速公司在财务上表现出了更高的审慎性。20 世纪 90 年代末期，英特尔保守的现金头寸是其领导者一以贯之的具建设性的焦虑的延续。而其他 10 倍速公司，在其发展初期也都采用了英特尔的策略。

同布雷西尔斯和阿蒙森一样，10 倍速领导者也有提前打造缓冲能力和冲击减震能力的习惯，以应对下一个“黑天鹅”事件。“黑天鹅”是指几乎没有人可以预测的小概率破坏性事件。这一概念是由作家、金融学家纳西姆·尼古拉斯·塔勒布提出的，后被广泛使用。几乎没有人可以提前预测某特定的“黑天鹅”事件，即便是 10 倍速领导者也无能为力，但预测可能会出现的“黑天鹅”事件是可能的，只不过你不知道是什么具体事件而已。换句话说，某特定的“黑天鹅”事件发生的可能性或许不足 1%，但发生“黑天鹅”事件的可能性将会接近 100%；你不能预测的是，这是一个什么样的事件或这个事件会在什么时候发生。这是塔勒布的一个重要贡献，也是任何一位有抱负的 10 倍速领导者必须学习的洞见。10 倍速领导者总会提前应对他们无法预测的事件，储备额外的氧气袋（即较大的安全边际），并在遭遇“黑天鹅”事件前增加选项，就像布雷西尔斯在攀登珠穆朗玛峰前所做的准备工作一样。

在繁荣时期，10 倍速领导者也保持着具建设性的焦虑；在他们看来，最重要的事情就是在风暴到来前做好充分准备。由于无法持续预测特定的破坏性事件，所以他们系统地打造公司的缓冲能力和冲击减震能力，以应对不可预料的事件。在风暴来袭之前，他们早已经准备好了额外的氧气袋。

赫伯·凯勒尔在 1991 年时，解释了西南航空公司保持极端保守的资产负债表的原因：“只要我们没有忘记在经济灾难期间依然推动我们前进的力量，只要我们记得这样的经济灾难还会定期到来，只要我们没有因为短视、自私和卑劣而愚蠢地放弃我们的基本力量，我们就会持续存在，就会持续增长，就会持续繁荣。"

在他写下这些话的 10 年后，世界见证了"9·11"恐怖袭击事件的发生。在此事件后，尽管其他主要航空公司都缩减了运营规模，但西南航空公司并没有裁减一名员工，也没有撤下任何一条航线，而且在政府解除飞行禁令之后，公司全线恢复航班运营（尽管初期只有一半的飞机参与运营）。西南航空公司在 2001 年实现了盈利（包括 2001 年的第 4 季度），而且它也是唯一一家在 2002 年实现盈利的主要航空公司。西南航空公司在新的城市开展业务，抢占了市场份额。令人意想不到的是，公司股价在 2001 年第 4 季度出现了上涨。2002 年年底，西南航空公司的市值超过了美国其他所有主要航空公司市值的总和。

西南航空公司是在所谓的对航空业造成"潜在的破坏性重击的'9·11'恐怖袭击事件"后实现这一辉煌业绩的，而用 2001 年公司年报中的话说，"我们的理念是防患于未然，而这也被证明是非常有效的"。在"9·11"恐怖袭击事件发生时，西南航空公司拥有 10 亿美元的现金储备以及行业中最高的信贷评级。此外，西南航空公司的每英里成本也是最低的，这得益于 30 年来它一直恪守的一个纪律——即使是在繁荣时期，它也没有违背。早在"9·11"恐怖袭击事件之前，公司就已经制订了危机应对计划，并安排了财务应急方案工具。30 年来，它打造了一种狂热的、关爱的和敢于抗争的文化，并在员工之间建立了一种"相互帮助"的互惠关系，而这被证明是强大的、充满活力的。如果这种文化和这种关系在“9·11”恐怖袭击事件之前并没有形成，那么西南航空公司也会像其他所有航空公司一样遭遇重创。

在描述西南航空公司如何应对“9·11”恐怖袭击事件时，赫伯·凯勒尔并没有一味地夸夸其谈。他噙着眼泪讲述了西南航空公司员工在空运禁令解除后，齐心协力恢复航班运营的种种努力，他几乎泣不成声，并对恐怖袭击进行了严厉谴责。你可以攻击我们，但你无法打败我们；你可以想方设法破坏我们的自由，但这只会让我们变得更加强大；你可以把恐惧强加给我们，但我们不会感到害怕。我们要飞行！

如果你有一套打造卓越企业的实践方法，且在任何时候——繁荣时期和衰退时期，稳定时期和不稳定时期——都严格遵循这些方法，那么你所拥有的这家企业在动荡时期就会脱颖而出，并将其他企业甩在身后。当一个灾难性事件袭向一个行业或整个经济市场时，公司就会被分成三类：领先的公司、落后的公司和倒闭的公司。决定你的公司所处类别的并不是破坏性事件本身，而是你自己。

具建设性的焦虑 2：限制风险

我们曾假设，10 倍速公司取得巨大成功或许仅仅是因为它们敢冒更大的风险。或许 10 倍速公司只是高风险、高回报的赢家，只是因为运气的存在才让它们的大冒险获得成功。但随着研究的深入，我们注意到，10 倍速领导者在领导公司时采取的似乎是一种更加保守的、更重视风险规避的策略。他们遵循“日行20英里”原则，限制公司的增速。他们在发射炮弹之前先发射子弹。他们在财务上表现得非常审慎，并储备额外的氧气袋。基于所有这些证据，我们进行了更系统的分析，并提出这样一个问题：10倍速公司承担的风险是多于还是少于对比组案例公司？

为探讨这个问题，我们首先确定了与企业相关的三个主要风险类别：第一，生死线风险；第二，非对称风险；第三，不可控风险。生死线风险是指那些会让企业倒闭或遭受重创的风险；非对称风险是指那些潜在负面影响远大于潜在正面影响的风险；不可控风险是指企业无力管理或控制的风险。这些风险会让企业遭受外部力量和事件的冲击。任何一个决定或处境都可能会涉及一种形式以上的风险，风险类别之间并不是相互排斥的。

攀登珠穆朗玛峰的故事很好地诠释了这三类风险。当罗布·霍尔决定帮助其委托人登顶，并因此推迟下山的时间时（原定周转时间为下午2点），他实际上大大提高了被黑夜所困和耗尽氧气的风险。他所冒的是一个毫无必要的生死线风险。相比之下，布雷西尔斯也面临一个艰难的抉择，那就是在他的登山队重新朝着顶峰进发时，是否让一名筋疲力尽的日本籍女登山队员跟随他们一起登顶。这是一个“令人心碎”的决定，因为毕竟她接受了多年的训练，而且也付出了多年的努力。然而，出于安全考虑，布雷西尔斯还是没有让她与其他队员一起登顶。霍尔的另一个决定，即仅携带可供一次登顶使用的氧气袋，是一种非对称风险。虽然氧气袋很重而且非常昂贵，但探险失败的代价更大，而失去生命的代价就更不用说了。相比之下，布雷西尔斯认为，若只携带有限的氧气袋，那么所承担的风险远高于携带更多氧气袋的成本。此外，布雷西尔斯也极力规避不可控风险。由于很多人都在 1996 年 5 月 8 日这一天登顶，所以他认为这种情况下可能要面临他无法控制的风险——在希拉里台阶，可能会造成危险的拥堵状况，而众多的登山者拥挤在峰顶，也会导致布雷西尔斯无法正常拍摄影片。布雷西尔斯及其团队担心他们会遭遇风暴，同时其他登山队的成员可能会造成道路拥挤。于是，他选择规避这些不可控风险，做出了即刻下山的决定。

基于我们的研究数据，我们对 10 倍速公司及对比组案例公司的历史进行了广泛的分析后，发现 10 倍速公司的表现如同布雷西尔斯一样。无论是生死线风险、非对称风险还是不可控风险，它们所冒的风险都少于对比组案例公司。表 5–1 和图 5–2 展示了我们的分析结果。

表 5–1　风险对比：10 倍速公司与对比组案例公司

决策类型的分析	10 倍速公司	对比组案例公司
决策数	59	55
涉及生死线的决定	10%	36%
涉及非对称风险的决定	15%	36%
涉及不可控风险的决定	42%	73%
低风险①的决定	56%	22%
中等风险②的决定	22%	35%
高风险③的决定	22%	43%

注：① 低风险：没有生死线风险，没有非对称风险，没有不可控风险。

② 中等风险：没有生死线风险，但有不可控风险或非对称风险。

③ 高风险：在有生死线风险的情况下，同时至少还有非对称风险或不可控风险两者之一，或者三者兼有。

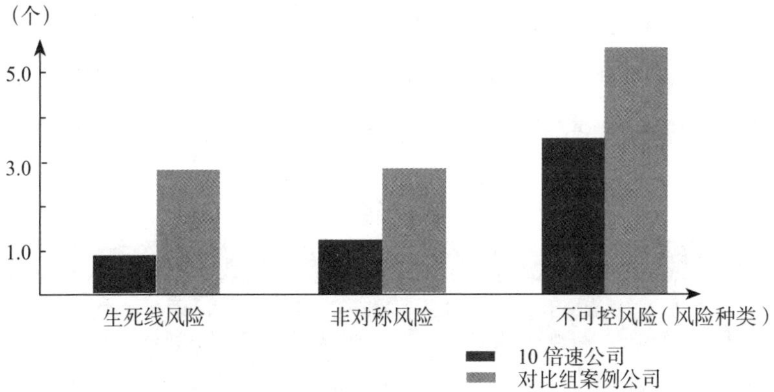

图 5–2　10 倍速公司：所冒风险少于对比组案例公司

> 简言之，我们发现 10 倍速公司所冒的风险要少于对比组案例公司。无疑，10 倍速公司会冒险，但相对于处于同一环境中的对比组案例公司，它们会限制、管理和规避风险。10 倍速领导者厌恶生死线风险，规避非对称风险，远离不可控风险。

在完成上述风险分析之后，我们意识到还有另外一个非常重要的风险类别需要考虑——时限风险。时限风险是指风险的程度同事件的节奏，以及决定和行动的速度是关联在一起的。如果有一场龙卷风席卷平原，而且正朝着你所在的方向移动，那么你的风险状况在很大程度上将取决于你是否及时看到了这场龙卷风，是否及时做出了决定并在龙卷风来袭之前躲进庇护所。基于该项研究的假设——这是一个动荡的世界，且充满我们无法预测亦无法控制的巨大的、快速变化的力量——我们产生了这样一个想法，即对比组案例公司在面临即将到来的风险和突发性事件时，或许因为反应太慢，才最终遭受重创，而10倍速公司则通过快速行动降低了风险。

表5–2 速度与结果

与成功结果相关联的行为	与失败结果相关联的行为
高度警惕，对可能预示危险的变化保持持续担忧，对威胁的认知较早。	傲慢自大，对变化的潜在重要性持不重视或忽视的态度，对威胁的认知较晚。
按照事件的节奏调整做决定的速度——“需要减速时减速，需要加速时加速”。	无法按照事件的节奏调整做决定的速度，要么决定做出得太慢，要么决定做出得太快。
慎重的、基于事实驱动的决定；无论决定做出得快或慢，思考过程中都恪守纪律	被动的、冲动的决定，缺乏严明的纪律和战略上的严谨性。
一旦做出决定，则严格执行；若时间上有要求，则会提高执行力度，但不会降低执行标准。	为追求速度而降低执行标准；无力提高执行力度，因而无法确保决定的快速执行。

为检验这个想法，我们确定了115个与10倍速公司和对比组案例公司相关的时间敏感性事件。我们考察了好的结果和坏的结果分别与认知速度（即企业认识到某事件重要性的时间早晚）、所做决定的速度和执行速度之间的关联。表5–2总结了我们的分析发现。

正如上表所述，我们的分析得出这样一个观点，即“并不总是越快越好”。我们的结论是，对变化或威胁要有提前认知，然后在允许的时间内（不管这个时间是长是短）做出周密的、审慎的决定，以求取得好的结果，而不是在短时间内做出众多决定。因此，关键的问题并不是“我们的行动要快还是慢”，而是“在风险状况变化之前，我们还有多久的时间”。

回想一下我们在第二章中所讨论的安迪·格鲁夫针对自己的癌症诊断情况所做的反应。他并没有立即采取行动。他先是对时间进行了考虑，认识到自己的身材状况并不会在未来几个星期内发生大变化。的确，其身体状况在几个月或几年后会出现重大变化，但在几个星期内不会。于是，他利用这段时间严格地制订了一个计划，将所有的可能性考虑在内，并创建了数据图表。对自己的癌症，格鲁夫并非成竹在胸，但他并没有迅速做出决定，他不想被动应对。在他看来，若不经过认真思考就直奔手术室，那么风险将会加大。

行动过快或过慢都有可能增加风险。关键问题在于，“在风险变化之前你还有多长时间”。它是以秒、分、小时或天计算，还是以周、月、年或数十年来计算？主要的困难并不在于回答这个问题，而是用沉着冷静的头脑去提出这个问题。

10倍速领导者通常都表现得很有耐心，在风险状况变化较慢的情况下，他们会等待事件展开。然而，同样，在风险状况开始发生迅速变化时，他们也会快速行动起来。20世纪90年代中期以前，史赛克对酝酿中的风暴一直保持着高度警惕，并在1989年的公司年报中指出，如果医疗保健成本超过国民生产总值（GNP）的15%，那么美国会失去竞争优势；而反过来，这又会对成本形成一种反作用力，并会压低史赛克医疗设备的价格。史赛克储备了大量的氧气袋（资产负债表中的现金），以应对可能出现的、任何形式的突发事件（见表 5–3）。但约翰 · 布朗并没有提前采取行动，他等待事件展开，以待在有利的时机迅速采取行动（见图 5–3）。

表 5–3 速度与结果：史赛克、医疗保健成本和行业突发性事件

与成功结果相关联的行为	史赛克的行为
高度警惕，对可能预示危险的变化持续保持担忧；对威胁的认知较早。	20 世纪 80 年代，史赛克明确指出医疗保健成本的持续上升将是公司重点关注的问题，并对由此导致的行业突发性事件表示担忧。
按照事件的节奏调整做决定的速度——“需要减速时减速，需要加速时加速”。	20 世纪 80 年代和 90 年代初期，史赛克并没有采取任何大行动，但对各种选择进行了考虑，并建立了大规模的现金储备。
慎重的、基于事实驱动的决定；无论决定做出得快或慢，在思考过程中都恪守纪律。	20 世纪 90 年代末期，采购团的出现加快了行业整合的步伐；史赛克做出了收购 Howmedica 公司的重大决定。
一旦做出决定，则严格执行；若时间上有要求，则会提高执行力度，但不会降低执行标准。	从 1998 年到 1999 年，史赛克的团队成员不遗余力地推进公司与 Howmedica 的整合。

20 世纪 90 年代末期，史赛克的风险状况开始迅速发生变化。这时，旨在提高购买力的医院采购团出现。这些采购团更愿意同少数规模庞大的市场领导者交易，而作为应对措施，行业内开始出现火速并购现象。医疗设备公司只有两个选择：第一，成为规模庞大的市场领导者，实现规模经济效应；第二，在很大程度上被排挤出市场之外。而这正是史赛克发力的时机，它通过收购 Howmedica 公司，确保了自己在行业中位于前三名的位置。

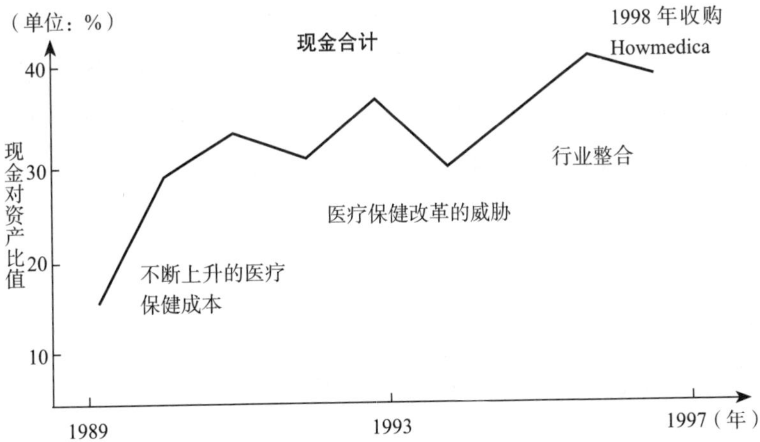

图 5–3　史赛克：应对风暴

作为一个具建设性的焦虑者，你应该认识到潜在的危险并对各种可能出现的突发事件保持警惕，但这与采取迅速的、及时的行动是截然不同的，因为你这样做只是为了消除困扰你的忧虑和不确定性。在我们的“高管实验室”里，我们注意到一些新兴市场的领导者，在面临不确定性时仍保持着异常平静的心态，而在风险状况未发生变化时，他们甚至都不会采取行动。在 2008—2009 年的金融危机中，我们与新兴市场中部分最成功的商业领导者有过直接交流。我们注意到，在极混乱的环境中，他们仍保持着平静、沉着的态度。拉丁美洲的一位创业者在极不确定的环境中靠着自己的努力，最终成为世界上最成功的商业领导者之一，而在谈及自己的能力时，他说：“诚然，消除不确定性是人的本性。但这种苛求会让你很快做出决定，而有时候，这种决定是做得太快了。对不确定性，不管你做出什么样的决定或采取什么样的行动，你会发现它都不会被消除。所以，如果我们还有时间，那就让这个事件慢慢展开，让我们在采取行动之前对它有一个更清楚的了解。我们需要这样一个时间。当然，在这个时间到来时，你还需要提前做好应对的准备。”最危险的虚假信念之一是越快越好，是快好于慢，是要么快要么死。正所谓欲速则不达，有时候，这种快意味着死得快。

具建设性的焦虑 3：先拉远，后拉近

在一个著名的实验中，研究人员达尼尔 · J. 西蒙斯和克里斯托弗 · F. 查布里斯要求实验对象观看篮球队员来回传球的录像带，让他们计算传球次数；在录像带播放到一半的时候，一个装扮成大猩猩的人突然出现在球场，捶击胸膛，然后走下球场。由于实验对象的注意力都集中在计数上，以至他们中只有 50% 的人注意到了大猩猩的出现。

我们将生命中的大多数时间用来处理眼前的计划和活动，在清单上勾出我们的任务，处理大项目中的每一个小项目，而时间就这么一分一秒地过去了。我们很容易就忽视了正前方的大猩猩。然而，10 倍速领导者并不会忽视大猩猩，尤其是在它做出危险的威胁动作时。布雷西尔斯所关注的事情是在珠穆朗玛峰的峰顶拍摄 IMAX 影片，但在 1996 年 5 月 8 日俯视山下时，他却发现大队人马正朝着他的方向前进——他看到了一只巨大的大猩猩。

我们采用“拉远”和“拉近”这两个术语来描述具建设性的焦虑的基本特征。10 倍速领导者会把注意力放在他们的目标上，但同时对环境的变化也保持着高度警惕；他们追求完美的执行，但也会依据条件的变化而做出调整；他们会计算传球的次数，但也不会忽视大猩猩的存在。

在实践中，它是这样运行的（见图 5–4）。

图 5–4 拉远和拉近

拉 远

感知到环境的变化。

对时限进行评估：在风险变化之前，我们有多少时间？

严格评估：新环境是否会扰乱计划？如果会，我们该怎么办？

然后，

拉 近

关注计划和目标的严格执行。

需要注意的是，“在风险变化之前，我们有多少时间”是拉远策略的一部分。正如我们在本章前面所讨论的，10 倍速领导者利用可用时间将镜头拉远，并制定周密的应对措施。当然，在风险变化很快时，在大猩猩已近在咫尺即将发起攻击时，10 倍速领导者也必须要迅速采取行动。但即使在这种情况下，他们也会避免做出仓促的、被动的决定：他们仍会保持清醒的头脑，仍会深思熟虑，以应对快速变化的环境。

1979 年 12 月 4 日，由 6 名英特尔经理和外聘营销大师里吉斯·麦肯纳组成的一个特别任务小组，进行了为期三天的紧张讨论，而这次讨论的起因则是现场工程师唐·巴克霍特发来的一份长达 8 页内容的电报。在这份电报中，他对英特尔 8086 型微处理器相对于摩托罗拉 68000 型的劣势进行了直接而又深刻的分析。一个值得特别关注的问题是，相对于英特尔，摩托罗拉在“设计采纳”上已经赢得了竞争优势，并已说服客户将摩托罗拉 68000 型微处理器设计到它们的产品中。这是一个极其可怕的发展趋势。如果摩托罗拉在设计采纳上赢得市场主导地位，那么它可以将自己的标准确立为行业标准。如此，要想再击败它就难上加难了。正如英特尔经理威廉·H. 达维多在其所著的《高科技营销》一书中所言："英特尔正朝着默默无闻的方向发展。"

这个团队先是将镜头拉远。为什么摩托罗拉会赢？其重要性有多大？我们该如何应对？该团队制定了一个包含 5 个要点的竞争性定位战略和一份进度表，重点关注英特尔的特有能力。"英特尔说到做到"及其提供全系列芯片的能力，可以给予客户一种舒适的体验。团队讨论后形成的文件是明智的，也是有战略意义的，它既反映了英特尔的实力，也深刻剖析了客户的担忧。基于一种非常系统化的分析，他们制订了一个代号为"运营击溃"的反攻计划。

然后，英特尔又将镜头"拉近"。特别工作小组在星期五就完成了工作，总共用了不到一个星期的时间。接着，英特尔批准了这个计划，并在之后的星期二安排了数百万美元的预算。一个星期之内，超过 100 名的"运营击溃"团队成员齐聚圣何塞的凯悦酒店。从那里开始，他们横跨全球，要在一年之内为英特尔赢得 2 000 个设计采纳订单。在英特尔开展的这场"十字军东征"运动中，它一举改变了局势，并赢得了 2 000 个设计采纳订单的胜利，而其中就包括一个为未来 IBM 个人电脑提供的设计方案，这是一场真正的大胜仗。

尽管处于一个快速变化的、危险的、竞争激烈的环境中，英特尔团队还是采取了非常审慎的方式，制定了一个明智的、周密的战略。虽然英特尔在短短7天内就拿出了“运营击溃”的方案，但其论证过程却是经过深思熟虑的。在面对快速变化的威胁时，10倍速团队既不会无动于衷，也不会急于采取行动；他们首先会思考，即使被用于思考的时间很短。

英特尔所犯的错误是没有提前认识到摩托罗拉的威胁（即使是10倍速公司也没有完美的记录），而也正是因为如此，才迫使它采取了“运营击溃”计划。而在认识到威胁后，英特尔并没有采取恐慌的、草率的应对措施，因为这只会让形势进一步恶化。10倍速公司采取行动的基础是实证证据，而不是天花乱坠的宣传和谣言；在面对危险事件时，它们坚持的是已被证实的原则和战略。一个迅速袭来的威胁并不会让它们放弃周密的思考和审慎的行动。

1987年年初，乔治·拉思曼说服安进董事会，向公司的突破性产品促红细胞生成素发射一枚炮弹。就当时的情况而言——科研工作已经完成，试验工作已经完成，产品已经准备就绪，时不我待，现在已经到了发射时刻——安进公司针对美国食品药品监督管理局的申请团队已经成为“西米谷人质”。

最初，他们是在办公室工作的，但很快他们需要屏蔽所有让他们分心的事情，因为在这个时候，再也没有比向美国食品药品监督管理局提交申请文件更重要的事情了，而为了这个事情，其他所有的事情都已进入“等待”的行列。为此，他们决定离开办公室，将复印机和工作文件搬到位于美国加利福尼亚州西米谷市的一家汽车旅馆，按照进度表，全力以赴地准备新产品的申请工作。他们每天早起工作，午餐期间短暂休息，然后继续工作直到下午 6 点，然后是晚餐时间，略微休息，再继续工作到深夜。他们一直在重复这种节奏，一天接着一天，一个星期接着一个星期。最终，93 天后，他们将 19 578 页的文件装入了一辆租赁的卡车，然后前往机场，交送至美国食品药品监督管理局。在安进总部外面，一张系着黄丝带的大布条上写着："'西米谷人质'重获自由！"

对于"西米谷人质"而言，他们有很多的个人事情要处理。如果不是为了这 93 天的工作，他们可以重新粉刷他们的车库、参加马拉松比赛或高尔夫球比赛、完成开支报告、回电话、答复电子邮件、度假、购买新房、读报或做其他他们想做的事情。但所有这些与抢在竞争者之前向美国食品药品监督管理局提交促红细胞生成素的申请材料相比，又是孰轻孰重呢?

"西米谷人质"深知他们必须要在这场竞赛中拔得头筹，但他们并没有为了速度而放弃一贯井井有条的应对方式。通过在一段时间内提高工作强度，他们最重要的是把事情做完、做好，他们的速度足以赢得胜利。

与此相对，让我们看一下导致基因泰克失败的执行策略，以及这种失败是如何使基因泰克失去独立地位的。1987 年 5 月 29 日，一个星期五的下午，400 人聚集在位于马里兰州贝塞斯达的美国食品药品监督管理局大礼堂，一同见证基因泰克向美国食品药品监督管理局的顾问团介绍新药品 t–PA（又名 Activase）的推荐会。当时，在生物技术的历史上，没有任何一种药品能够像 t–PA 一样引起如此广泛的关注，这是一种针对心脏病患者推出的溶解血栓的神奇药物。基因泰克的股票市盈率为 100，说明基因泰克的推销术已经取得成功，并已使得人们相信 t–PA 这枚炮弹将正中目标。但这种大肆宣传使公司处于高风险状态，因为如果该药物在提交审批时遭遇障碍，那么它的股价必然会大跌。

在经过 5 个小时的介绍和讨论之后，美国食品药品监督管理局的评定委员会主席最终要求投票表决。在听到这一决定时，所有的观众都震惊了。在 t–PA 可以延长人的寿命这一问题上，基因泰克并没有说服委员会。按照委员会的建议，t–PA 需要做进一步研究。颇具讽刺意味的是，基因泰克实际上已经获得如何说服委员会的大部分信息，但并未准备好所有必要的数据，因而在举行推荐会的当天无法详细回答委员会提出的问题。

基因泰克的创始人罗伯特·斯旺森声称委员会的决定是一个错误，事实也是如此。在当年下半年，基因泰克再次提出申请并获批准。但是，这 6 个月很关键，因为至少有 10 家公司参与到 t–PA 相关药物的研发竞赛中，而在基因泰克整理向美国食品药品监督管理局提交的数据时，这些竞争者已经抢占了一席之地。t–PA 的受挫刺破了基因泰克飞涨的股价泡沫，在之后的两年里，公司股价不足一般股票市场的 40%，使得权益资本的成本上升（基因泰克需要用这些资金大规模投资于研发领域），并最终导致公司将控股权出售给了罗氏公司。

并非生命中的所有时间都是平等的

在本章即将结束时，让我们把关注点再次转到阿蒙森的故事上，因为这个故事彰显了先拉远后拉近的重要性。事实上，1911 年，阿蒙森并没有计划去南极，他的计划是去北极。

是的，去北极！

阿蒙森筹到了前往北极探险的资金，组织了一支北极探险队伍，获得了“弗兰姆”号船的使用权，并制订了前往北极探险的完整计划。

他为什么最终选择了地球的另一个极点——南极？

在为北极探险做准备时，阿蒙森收到了一个令人心碎的消息。北极已有人成功抵达——先是库克，后是皮尔里，据说他们都已经到达了北纬 90 度的北极点。[①] 于是，阿蒙森决定改变出征方向，将自己的精力用在新目的地的探险上，而这个新目的地就是南极。在长达数月的筹备期内，他一直保守这个秘密，即使其探险队的成员也不知道；直到出发前，他才公布了自己的决定。1910 年 9 月 9 日，在葡萄牙的马德拉港，阿蒙森提前三个小时起锚，让探险队成员措手不及。在甲板上集合完毕后，阿蒙森平静地告诉船员，大家要去的地方并不是北极，而是南极。当天早些时候，探险队成员满脑子想的还是北极，但到晚上 10 点时，他们已经踏上南极探险之旅，全力以赴开始新的征程，北极在他们的梦想中也渐渐被淡化了。

---

① 现今人们对第一个抵达北极点的人存在争议。——编者注

我们知道，阿蒙森绝不是一个冲动的人，他注重细节，对准备工作一丝不苟，偏执且有严明的纪律。在北极已被他人捷足先登之后，南极随之进入了阿蒙森的视线。随后，他急切地将探险目的地从北极转向了南极。如果阿蒙森说，“嗯，我的计划是前往北极，所以这就是我要做的”，如果他拒绝重新调整自己的计划，那么他也不会带领他的团队取得10倍速式的成功。在听到北极被征服的消息后，他先是将镜头拉远，对环境的变化进行了分析，然后又将镜头拉近，执行前往南极的新计划。

当时机或危险出现，在何时改变计划，在何时提高执行力，以及在何时调整议事日程，10倍速领导者都有自己的判断力。在这种决定性时刻到来时，他们已经做好了缓冲的准备，大量额外的氧气袋使得他们有更多选择和调整的余地。他们有着非常大的安全边际，原因就在于他们已经限定了风险，并且一直都保持着审慎的态度，他们避免触及生死线风险，规避非对称风险，并最大限度地降低不可控风险。在感知到变化时，他们会将镜头拉远，并问：“在风险变化之前，我们会有多少时间？”他们会做出周密的决定而不是只会被动地应对。然后，他们会将镜头拉近，把重点放在决定性时刻的严格执行上，他们绝不会为了追求速度而降低执行标准。

并非生命中的所有时间都是平等的。在我们的生命中，有些时刻的重要性要超过其他时刻。对于阿蒙森来说，1911年是一个不同寻常的年份，而他也充分利用了这一年。对于布雷西尔斯来说，1996年5月是一个不同寻常的月份，他在珠穆朗玛峰实现了自己的目标。对于航空业来说，2001 年 9 月 11 日是一个不同寻常的日子，而西南航空公司最终走出行业阴霾，取得了令人艳羡的非凡业绩。在我们的生命中，总有一些时刻的重要性会超过其他时刻，而这些时刻，可能会被我们抓住，也可能从我们身边溜走。10 倍速领导者为抓住这些机会做好了准备，他们辨别出并抓住了这些时刻，并在其中彰显自己生命的辉煌。在不同寻常的时刻，他们会采取不同寻常的措施，而这也是最重要的。

小　结

关键点

- 本章考察了具建设性的焦虑的三个关键维度：

  （1）建立现金储备和缓冲地带（氧气袋），以提前应对突发事件和厄运。

  （2）限制风险—生死线风险、非对称风险和不可控风险，并管理时限风险。

  （3）先拉远，后拉近，对持续变化的环境保持高度警惕并做出有效应对。

- 10 倍速领导者知道，他们无法准确、持续地预测未来，所以对不可能预测的事件，他们会而且一直都会提前做准备。他们假设的前提是，一系列不利事件会在任意时间出现，并会以一种出其不意的方式对他们造成连续性打击。

- 在风暴来袭之前，你要做好决定，要恪守纪律，要为公司打造好缓冲地带和减震地带，因为在风暴来袭时，这些工作将会决定公司的命运：领先、落后还是倒闭。
- 由 10 倍速领导者打造的缓冲地带和减震地带远超过其他人的一般标准。对于我们研究的 10 倍速公司而言，它们的现金对资产的比值是大多数公司比值中位数的 3 到 10 倍；与对比组案例公司相比，在整个公司的历史上，它们都保持着更加保守的资产负债表，即使在发展初期亦是如此。
- 10 倍速公司在接近和管理风险时会异常谨慎，并着重关注三个类别的风险：

  （1）生死线风险（那些会让企业倒闭或受重创的风险）

  （2）非对称风险（负面影响大于正面影响的风险）

  （3）不可控风险（无法控制或管理的风险）
- 10 倍速领导者会采取先拉远，后拉近的策略。他们将关注的重点放在他们的目标上，并时刻注意所处环境的变化；他们追求完美执行，但也会依据条件的变化做出调整。在感觉到危险时，他们会迅速将镜头拉远，对危险的步幅做出评估，并确定是否变更计划。然后，他们再将镜头拉近，将他们关注的重点重新放在目标的执行上。
- 快速的变化并不意味着要放弃周密的思考和训练有素的行动。相反，它需要提高执行力度，通过拉远策略迅速做出周密决定，然后通过拉近策略严格地执行这一决定。

意外发现

- 10 倍速公司冒的风险少于对比组案例公司，但取得的结果明显优于对比组案例公司。
- 不同于肆无忌惮的、满怀信心的、勇于冒险却只看有利一面的企业家，10 倍速领导者是具建设性的焦虑者，对任何可能发生的不利情况都做了充分的准备。他们会问这样的问题：最坏的情况是什么？出现这种最坏情况的结果是什么？对这种最坏情况，我们是否有应急预案？这种决定的有利方面是什么，不利方面是什么？产生有利影响和不利影响的可能性有多大？哪些问题是我们无法控制的？如何最大限度地减少这种不可控力造成的冲击？如果出现意外怎么办？
- 在速度问题上，10 倍速公司不会比对比组案例公司持有更大的偏见。无论时间长或时间短，它们都要充分利用风险变化之前的时间，不要着急做决定，因为经过深思熟虑的周密决定可以产生更好的结果。

关键问题

- 对你的企业所面临的最大威胁和危险，在风险变化之前你有多少时间？

第六章

SMaC 方法

大多数人死于他们的治疗方案，而不是疾病本身。

——莫里哀

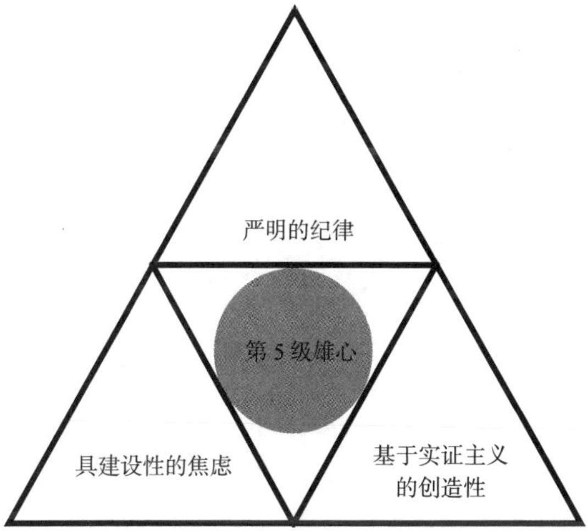

1979年年初，时任西南航空公司首席执行官的霍华德·帕特南为一个问题纠结不已：席卷美国航空业的放宽管制是否会带来一场公司管理革命？1978年通过的《航空公司放宽管制法》将在行业内引发竞争。为争夺市场份额，航空公司将展开激战，由此引发价格战，迫使航空公司削减成本，导致破产事件发生。

帕特南所考虑的是：放宽管制会殃及我们的低成本模式吗？放宽管制会危及我们士气高昂的、以员工为中心的企业文化吗？放宽管制会侵蚀我们高频度航班的竞争价值吗？放宽管制会破坏我们点对点系统的可行性吗？我们所处环境的急剧变化也会要求我们进行快速改革吗？

他的回答都是“不会。”

他的结论是，西南航空公司应该继续坚持基于“饼干模子”方法的扩展模式。他的脑海中显现出一个被重复使用的模子，而用这个模子，大量相同形状的饼干被生产出来。“做你擅长的事情，”他说，“而且要一直重复做这件事。”

不仅如此，他还详细地讲解了“饼干模子”的理论。下面是他的原话（除有一个缩写词我们无从辨认外，其余的都是逐字照抄的。你可以看一下他是如何描述这个方法的）：

1. 继续作为一家短程承运商，将单程飞行时间控制在 2 小时以内。
2. 在 10 到 12 年内，承运机以波音 737 为主。
3. 继续保持飞机的高利用率，继续执行快速返航策略，多数情况下为 10 分钟。
4. 乘客是我们的首要服务对象。不提供货物或邮件运输服务，只承运利润较高且处理成本较低的小型包裹。
5. 继续执行低价格和高频度服务的策略。
6. 不提供航食服务。
7. 不开展中转联程业务……机票、关税和电脑的成本以及公司特殊的机场成本，都不适合开展中转联程业务。
8. 继续将得克萨斯州作为优先市场，而且只在适合我们的高密度短程市场开展跨州飞行业务。
9. 让搭乘我们航班的家庭和乘客感受到我们的特色服务，继续保持高空中的欢乐氛围。我们为我们的员工感到骄傲。
10. 简单至上。继续保持收银终端的售票服务，可在登机前 10 分钟取消预订的机票，简化计算机系统，在综合服务区提供免费饮料，在登机区提供免费咖啡和油炸面包圈，登机后不对号入座，用录像机录制乘客名单，飞机及机组成员当晚返回达拉斯，只保持一个居住及维修场所。

帕特南没有讲一些大而空的话，比如“西南航空公司将成为领先的廉价航空公司”。他明确指出了飞行时间为 2 小时的细分市场，明确指出主要使用波音 737 作为承运客机，明确要求 10 分钟迅速返航，明确指出不承载货物或邮件，明确指出不提供航食服务，明确指出不提供联程机票服务，明确指出不提供选座服务，明确规定继续保持收银终端的售票服务。帕特南的这 10 点要求非常明确，易于领会、理解和遵循，员工知道该做什么，不该做什么。帕特南为公司的决定和执行提供了一个明确、简单、具体的框架。

帕特南的这 10 点要求反映出一种基于实证验证的有效洞见。为什么承运机要以波音 737 为主？因为所有飞行员都可以驾驶该系列飞机，从而在调度上保证了极大的灵活性：只需要一套零部件、一套培训手册、一套维修程序、一套飞行模拟器、一种类型的飞机跑道，以及一套登机手续。

但是帕特南制定的清单，真正让人感到惊叹的是公司长期以来保持的一致性。从总体来看，帕特南所列清单的要素在 25 年里仅变更了 20%。停下来想一想：只有 20% 的变化，但你要知道其间发生了多少个破坏性事件——从燃料冲击到空管罢工、大规模行业并购、轴辐式空运系统的崛起、经济衰退、利率上涨、互联网的崛起和“9 · 11”恐怖袭击事件等。然而，这一方法也在不断改进，只是这种改进从来都不是革命性的，而是小心翼翼地稳步推进。西南航空公司最终增加了飞行时间超过 2 个小时的航班，采用互联网订票系统，并与冰岛航空公司一同开展联程机票业务。如果西南航空公司坚持传统系统、封闭的思维、缺乏好奇心，而且从不按照需求变化修改帕特南的清单要点，那么它也不会成为一家成功的 10 倍速公司。但最引人注目的，还是西南航空公司如何在很大程度上保持了清单的完整性。

什么是 SMaC 方法?

霍华德·帕特南的 10 点要求形成了一个 SMaC 方法。SMaC 方法是一套持久可用的运营方法，而正是这一方法创造了一个可复制的、始终一致的成功公式。SMaC 包含具体的、有条理的和始终一致的概念。作为一个描述符号，SMaC 可通过多种形式表达：可以作为形容词（“让我们打造一个 SMaC 体系”），可以作为名词（“SMaC 可以降低风险”），也可以作为动词（“让我们 SMaC 一下这个项目”）。一个可靠的 SMaC 方法是一种可以将战略思想转变为现实的运营法则，是一套比策略本身更持久的方法。策略会随着环境的变化而变化，而 SMaC 方法则可以持续数十年的时间，而且适用于不同的环境。

我们研究团队的成员原本以为具体性和持久性之间不可避免地存在此消彼长的情况：你如果想要一种持久性，就需要从一般意义上去界定，比如核心价值或高层战略；但你如果想要具体的方法，就需要随着环境的变化而不断变化，比如策略。制定一种具体且持久的方法是可能的，这种方法就是 SMaC 方法。

SMaC 方法不同于战略、文化、核心价值、目标或策略。

“仅使用波音 737 作为承运机”是一种核心价值吗？不是。

“仅使用波音 737 作为承运机”是一个核心目标吗？不是。

“仅使用波音 737 作为承运机”是一种高层战略吗？不是。

“仅使用波音 737 作为承运机”是一种文化吗？不是。

“仅使用波音 737 作为承运机”是一种可以随着环境的变化而变化的策略吗？不是。

在帕特南列出 10 点要求之后的 30 多年里，西南航空公司依然只使用波音 737 系列飞机。

此外，SMaC 方法中也包括“不去做”的事情。帕特南的清单中就有这样的要点——不提供联程机票服务，不提供航食服务，不提供头等舱座位，不承运货物。帕特南非常清楚，增加上述任何一种服务都会使得飞机快速返航的流程复杂化。所有 10 倍速公司的 SMaC 方法中都包含不去做的事情：不要使用亏损准备金管理收益（前进保险公司）；不要等着开发出完美软件后才进入市场——先将已经足够好的软件推向市场，然后不断完善（微软）；在创新方面，绝不抢先出头，但也绝不甘于落后，而是采取“落后一步”的策略（史赛克）；不在产业衰退期削减研发费用（英特尔）；不搞大肆宣传；对下一次成功，宁愿让人低估也不让人高估（安进）；股票期权仅授予企业员工而不授予首席执行官（巴奥米特）。

SMaC 方法的这种明确性和确切性，有助于人们在极端的环境中坚持方向并保持高效。回想一下在珠穆朗玛峰的布雷西尔斯。在筹划 IMAX 项目的过程中，他已经制定了一个适用于高山拍摄的 SMaC 方法。他去了最低气温可低至零下 45 摄氏度的多伦多，在那里制定了在极端严寒下操作 IMAX 摄像机的方法，并对电池的性能进行了评估。此外，他还反复练习如何徒手安装 65 毫米胶片（即便是在珠穆朗玛峰顶峰，他也必须徒手安装摄像机胶片，以最大限度地降低发生故障的可能性）。他列了一个“傻瓜式清单”，以确保摄像机在极端环境下和不寻常的环境下的正常运转。他制定了一个供给清单，删除了任何与 IMAX 项目或安全无直接关系的物品。然后，在攀登珠穆朗玛峰的前一年，他又用 28 天在尼泊尔进行了一次里程达 160 英里的长途跋涉，并通过这次行程，对上述方法进行了优化。所以，在开始拍摄时，他们非常清楚自己该做什么，该如何去做。1996 年 5 月 23 日，布雷西尔斯和他的团队携带 IMAX 摄像机登上了珠穆朗玛峰的顶峰。任何一个错误（摄像设备零部件遗失、故障或输片有误）都将导致数年的努力功亏一篑，并使得数百万美元的经费付诸流水。“就像在过去的 60 天里一样，我们一直保持缓慢而有条理的工作方式。”布雷西尔斯在解释这个关键时刻时说，“我们徒手安装胶片。然后，在世界之巅，罗伯特和我按照我们的摄像机清单进行了最后一次核查。”SMaC！

布雷西尔斯的 SMaC 方法

1. 制作一个包含了探险各方面应注意事项的活页夹，其中包括应对各种意外情况的后备计划（有时候甚至包括后备计划的后备计划）。
2. 每次变换地点时都执行“傻瓜式检查”—全面检查以确保万无一失。

3. 无论天气多么冷，团队成员都徒手为摄像机安装胶片，确保每次都能够实现完美拍摄。
4. 能够组装摄像机，并将其安装在三脚架上，安装胶片，聚焦，然后连续拍摄 5 分钟。
5. 在异常寒冷的真实环境下对设备进行测试，在真正开始探险之前模拟长途跋涉。
6. 最大限度地减轻负重，实现功能性的最优化。在确保正常工作与安全的情况下，只携带最少量的物品。
7. 选择可共患难的队友。
8. 为关键设备和补给品提供后备计划：额外的氧气袋、额外的冰爪、额外的手套，以及额外的补给物资。要做好延期完成任务的准备。
9. 永远不要试图让体弱的队员登顶。“一个团队的强大程度取决于其身体最弱的队员。”
10. 要分两个队——一个登山队，一个摄影队，以便在登山过程中和登顶后实现良好协作。

当处于一个极不确定且充满各种快速变化的巨大角逐力的世界里时，10 倍速领导者坦然地面对他们所不能控制的事件，但在能够控制的时候，他们就会发挥绝对的控制力。在一个失控的世界里，展现控制力的最重要的方式之一就是严格遵循 SMaC 方法。世界的不确定性越大，人们就越需要遵循 SMaC 方法。SMaC 方法可以让你在混乱中建立秩序，而在遭遇破坏性事件的冲击时，它会让你免受干扰。在一个动荡不安的世界里，没有 SMaC 方法的指引，就好比是在暴风雪的荒原中失去了指南针。

现在，你或许会想："嗯，研究的主要发现就是要有一个 SMaC 方法。"但事实上，该方法的存在并不会系统地将 10 倍速公司和对比组案例公司区分开来。实际上，研究的主要发现是，相对于对比组案例公司，10 倍速公司有着严明的纪律，一直坚持它们的方法，而且在基于实证主义的创造性和具建设性的焦虑的基础上，审慎地改进它们的方法。

以严明的纪律坚持 SMaC 方法

总体而言，对一个既定的 SMaC 方法，每家 10 倍速公司平均坚持了 20 年以上（坚持年限从 8 年到 40 年以上）。这是一种真正的持久的坚持。表 6–1 表明了一家 10 倍速公司 SMaC 方法的持久性和一致性。

表 6–1　前进保险公司的 SMaC 方法

前进保险公司的 SMaC 方法	持久性和一致性
将业务集中在非标准汽车保险业务领域，业务对象是大型保险公司不愿意承保的高风险司机。	30 年以上 在 20 世纪 90 年代发生变化
致力于实现 96% 的综合赔付率。保费价格是为了维持盈利，而不是为了增长。从来都不会为了提高市场份额而降低承保标准或违背价格纪律。确保利润的实现，监管问题、竞争困难以及自然灾害等都不是未实现利润目标的借口。	30 年以上 截至 2002 年未发生变化

（续表）

前进保险公司的 SMaC 方法	持久性和一致性
任何一名客户的保费价格都是基于其驾驶风险信息（所在区域、年龄、婚姻状况、驾驶记录、车型和生产年份，以及发动机的尺寸等）所确定的。不同的客户有着不同的保费价格，即便这意味着将有成千上万种保险价格。	30 年以上 截至 2002 年未发生变化
若一个州的监管政策导致能带来盈利的保费价格及索赔服务难以实现，公司就退出在该州的业务。	20 年以上 截至 2002 年未发生变化
致力于索赔政策的迅速调整，速度意味着更好的服务和更低的成本。	25 年以上 截至 2002 年未发生变化
至少要确保有一种新业务或服务在尝试之中，但在实现持续盈利之前，任何新业务的收入都不得超过总收入的 5%。	30 年以上 截至 2002 年未发生变化
主要通过承保业务而非投资业务实现盈利。	30 年以上 截至 2002 年未发生变化
绝不使用亏损准备金管理收益。	30 年以上 截至 2002 年未发生变化
雇用独立代理人作为公司的销售力量；要让大量代理人干少量的活，而不是让少量代理人干大量的活。	30 年以上 在 20 世纪 90 年代发生变化

我们在对比组案例公司中发现了一个颇有趣的对比：大多数对比组案例公司在其业绩最好的年份都有一个 SMaC 方法（只有一家对比组案例公司，基兰斯纳，没有使用这种方法），但相对于 10 倍速公司，这些方法的变化程度更大。我们对 10 倍速公司及其对比组案例公司的 117 个方法要素进行了分析，发现对比组案例公司的变化程度是 10 倍速公司的 4 倍。表 6–2 展现了 10 倍速公司和对比组案例公司在各自分析期内使用方法的变化情况。

表 6–2　SMaC 方法要素在各自分析期内的变化情况

10 倍速公司变化情况	对比组案例公司变化情况
安进 10%	基因泰克公司 60%
巴奥米特 10%	基施纳公司 无
英特尔 20%	美国超微半导体公司 65%
微软 15%	苹果公司 60%
前进保险 20%	萨菲科保险公司 70%
西南航空公司 20%	太平洋西南航空公司 70%
史赛克 10%	美国外科医疗公司 55%

现在，你或许会想："等一会儿！或许对比组案例公司真的有更好的运营模式，而它们变化得多是因为它们还没有一个伟大的模式。"让我们回想一下太平洋西南航空公司。在第 4 章中，我们讲到西南航空公司是从复制太平洋西南航空公司的模式开始的，它们的运营手册都是一样的。这两家航空公司都面临航空领域放宽管制的政策变化，都面临破坏性的环境，都有着巨大的核心市场，而且有着几乎完全相同的方法，但结果是在航空领域放宽管制的 20 年后，只有西南航空公司成为一家卓越公司。

对航空领域放宽管制的政策，太平洋西南航空公司的应对措施是朝着美国联合航空公司的方向发展。一个颇具讽刺意味的有趣对比是，西南航空公司开始在得克萨斯州发力时，太平洋西南航空公司却放弃了其已经验证的方法。若沿用这个方法，并不断对其进行改进，那么太平洋西南航空公司应该会成为历史上最成功的航空公司，但最终它被出售给全美航空公司。"对于一家处于鼎盛时期的独立的航空公司来说，挑战是巨大的。”太平洋西南航空公司总裁在终止该公司的独立性时哽咽地说，“我们有能力独自走下去……但全美航空公司提供的是一个非常合理的价格，我们没有理由拒绝这样一个价格。”

分析师和媒体开始纷纷表示，作为太平洋西南航空公司初始理念的克隆双胞胎，西南航空公司也需要改变它的方法，也就是说，帕特南那个简单的清单需要做出重大改变，否则西南航空公司也可能重蹈太平洋西南航空公司的覆辙。《商业周刊》在 1987 年时写道：“越来越多的批评人士表示，56 岁的凯勒尔需要重新思考公司‘一切从简’的战略。”《华尔街纪事》援引分析师的话说，西南航空公司已不再被视为一家成长性公司，它的模式已经破产。对这样的压力——要求彻底改变公司的运营模式，该公司时任首席执行官赫伯·凯勒尔的反应同安东尼·麦克阿里夫在巴尔基战役中对待德国最后通牒的反应一样：“胡扯！”凯勒尔知道，帕特南所列清单中的条款为什么有效，而且他也知道，西南航空公司的模式仍适用于当前竞争日趋激烈的航空业。凯勒尔基本上完整地保留了这个方法。于是，西南航空公司成为世界上最受尊敬的公司之一，而太平西南航空公司却渐渐被人们遗忘了（见图 6–1）。太平洋西南航空公司的精神依然存在，只不过已深深地植根于得克萨斯州的西南航空公司之中。

传统看法认为，改革是艰难的。如果改革如此艰难，那么为什么我们却在不太成功的对比组案例公司中看到了更多的激进改革？这是因为改革并不是最难的部分。比实行改革更难的是，确定什么是有效的，了解为什么它们是有效的，要知道在什么时候进行改革以及什么时候不应该进行改革。

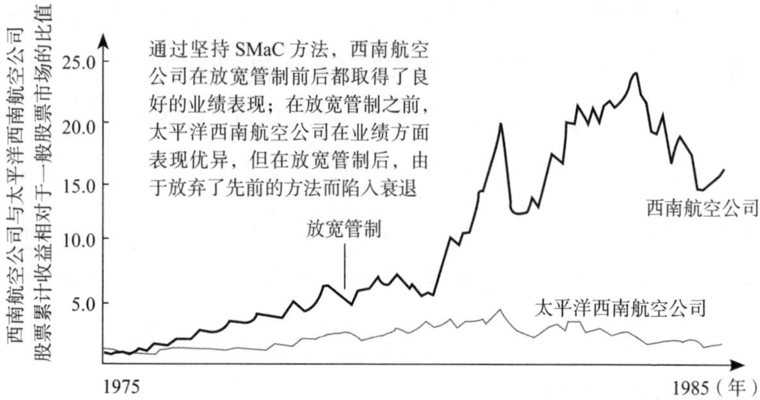

图 6–1　航空业放宽管制：不同航空公司的不同应对策略

注：1. 该比值的计算时间是从 1974 年 12 月 31 日到 1984 年 12 月 31 日。
2. 在本书中，股票收益计算的数据均源于 ©200601 CRSP®，芝加哥大学布斯商学院证券价格研究中心授权使用，保留所有权利。见 http://www.crsp.chicagobooth.edu。

苹果的衰落和崛起表明，放弃一个方法的危险性以及重回该方法的重要性。20 世纪 90 年代中期，苹果已经远离其早期的辉煌。那个时候，公司先后推出了苹果 II 型电脑及麦金塔电脑，旨在“为其余的人提供电脑”。受（公司战略）长期不一致性的影响，苹果高层也一直处于变动之中。约翰 · 斯卡利在 1985 年将史蒂夫 · 乔布斯逐出公司，迈克尔 · 斯平德勒在 1993 年取代约翰 · 斯卡利，吉尔 · 阿梅里奥在 1996 年取代迈克尔 · 斯平德勒。此外，在公司定位方面，苹果也是反复无常的：先是定位个人电脑，后定位企业电脑，接着定位高端电脑，再后来定位高市场占有率和低成本电脑，最后又重新回归高端电脑的定位。苹果的股票回报率远低于一般股票市场，与微软的上升趋势形成鲜明对比（见图 6–2）。在这个时期，微软展现出了坚定的一致性：领导层的一致性、目标的一致性、战略的一致性及方法的一致性。1993 年，苹果已经陷入严重的衰退状态。在一次由风险投资者和计算机产业专家参加的研讨会上，“苹果电脑会不会生存下来”成为一个热门话题。最终，苹果开始与太阳微系统等公司就出售问题展开谈判，试图放弃作为一家独立公司的法律地位。苹果致力于成为卓越公司的追求之旅，似乎将以一种不太体面的方式宣告结束。

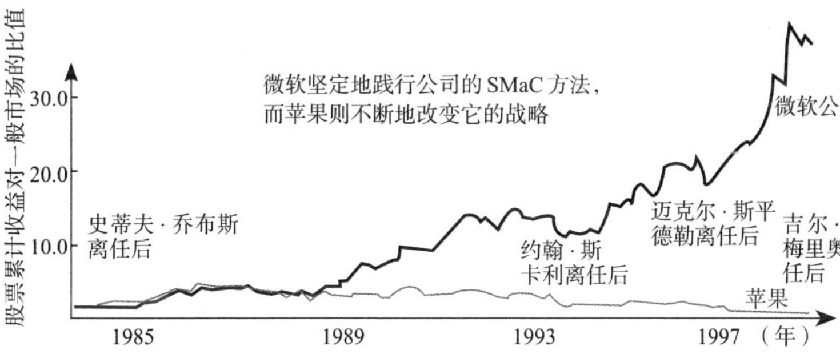

图 6–2　1985—1997 年：微软股票收益的飙升与苹果的平庸

注：1. 该比值的计算时间是从 1985 年 8 月 31 日到 1997 年 8 月 31 日。此外，由于 CRSP 数据中并不包括微软在 1985 年 8 月到 1986 年 3 月的数据，所以在这段时期，我们是以一般股票市场的收益作为微软股票收益的。

2. 在本书中，股票收益计算的数据均源于 ©200601 CRSP®，芝加哥大学布斯商学院证券价格研究中心授权使用，保留所有权利。见 http://www.crsp.chicagobooth.edu。

幸运的是，这个故事有了一个不同的结局，其转折点出现在1997年。而真正让人感兴趣的，是在史蒂夫·乔布斯重返苹果之后，他并没有对公司进行彻底改革，而是让它重新回归20年前其所坚持的打造卓越公司的原则。“一个很了不起的事情就是苹果的基因并没有发生变化。”乔布斯在2005年时说，“不仅公司的宏伟目标没有发生变化，而且很多方法要素也没有发生变化。比如，不让其他任何人克隆我们的产品；设计可以无缝对接的产品；让设计变得友好、优雅；恪守秘密，然后发起大规模的市场攻势，以满足被压抑的市场需求；不要进入任何我们未掌握核心技术的领域；针对个人而非企业进行设计和营销。”所有这些都是苹果在发展初期所坚持的原则，而在20年后，再次引入这些原则让苹果重获新生。在公司发展的艰难时期，苹果的衰退不是因为它的初始方法已经失效，而是因为它缺乏坚持初始方法的纪律。毋庸置疑，史蒂夫·乔布斯是一个天才，但这次苹果的复兴是因为公司以严明的纪律坚持了初始方法的精髓。正如约翰·斯卡利在2010年接受采访时所说的：“现在史蒂夫所恪守的原则与早年苹果所恪守的原则是一模一样的。”要知道，在25年前，正是斯卡利将苹果的这位领导者赶出了公司。

在面对业绩下滑时，10倍速领导者首先想到的并不是他们所坚持的原则或方法已经过时。相反，他们首先认为可能是企业远离了其固有方法，或放弃了坚持该方法的纪律和毅力。若是如此，他们就会重拾方法背后的根本性洞见，并重新点燃坚持这种方法的激情。他们会问，“我们的方法失效是因为我们缺乏纪律吗？”或者“我们的方法失效是因为我们的环境发生了根本性的改变吗？”

约翰·伍登充分贯彻稳定不变的执教方法。伍登是一位伟大的篮球教练，在 20 世纪 60 年代至 70 年代，他执教的加州大学洛杉矶分校篮球队在 12 年中夺得了 10 次美国大学生体育协会（NCAA）的冠军。一位球员回忆道：“这里有一种万能的方式。你可以将加州大学洛杉矶分校 1955 年、1965 年、1970 年和 1975 年的球员集合起来，然后随机组成一支新的球队，这些球员很快会融合在一起。”伍登的训练内容都会被记录在面积 3×5 英寸[①] 的卡片上，在其 30 年的执教生涯里，这些内容几乎没有改变过。训练就像时钟一样不停地转动，在新赛季开始前进行的都是同样的训练。正如一位明星球员所说的：“在比赛开始后，他们所想的就是如何展现球队的实力。”

伍登将他的“成功金字塔”（一种关于生活和竞争的理念）转化为一个具体的方法，一度分解到球员系鞋带的问题上。

假设你是加州大学洛杉矶分校篮球队招募的一位明星球员，你第一次出现在训练现场上，并准备展示你的技能，并准备为自己赢得一席之地。你准备在场上往返跑，准备盖帽，准备过人，转身跳投。你悄悄地走到一位拿过美国冠军的前辈身旁站立，然后等待教

① 1 英寸 =0.025 4 米。——编者注

练的训练课。最终，教练来到球场，然后用平静的语气说："我们首先要学习如何系鞋带。"

你把目光转向了几位著名的前辈。他们都曾夺得美国冠军，你认为这种训练针对的或许只是新来的球员。但事实并非如此，这些老球员也非常平静地脱下了他们的鞋子，为这个系鞋带课做准备。

"首先，拿起你的袜子，小心翼翼地套在你的脚上。"教练说道。球队里的老球员非常认真地按照指示去做。"现在，开始穿你的袜子……抚平每一道皱褶……要穿好……不要着急。"教练不紧不慢地说着，就像是禅师教你如何入定一样，"最后，穿上鞋，小心翼翼地、慢慢地系紧鞋带……要系好！"

在训练结束后，你问其中一名老球员这样做的目的，他回答道："如果在大型比赛中脚被磨了水泡，那么你会受罪。在一场背靠背的比赛中，如果鞋子出了问题……嗯，但这种情况在我们这里从未发生过。"一年后，你与球队一起夺得冠军；而在训练场上，当教练说"我们首先要学习如何系鞋带"时，你在新人脸上看到了与一年前的自己相似的那种疑惑的表情。

现代管理理念认为，一家企业应该致力于频繁的全面改革，而其内部的变化程度应该超过外部世界的变化程度；它应该自我施行根本性的改革，且任何时候都应该这样做。但正如亚伯拉罕·林肯在艰难的美国内战时期所说的："过去和平时期的那些信条，已不再适用于动荡不安的当下。"在这样一个动荡的世界里，我们需要重新思考。这意味着抛弃这样一种想法，即持续的公司改革是保持繁荣的唯一路径。如果你真想在一个动荡的环境中让自己变得平庸或走向灭亡，那么你应该时时刻刻让自己处于变化之中，以自身的变化应对世界的变化。我们在研究中发现，平庸的特征并不是拒绝改革，而是长期的不一致性。

要记住我们这项研究的前提：世界处于一种不确定和不稳定的状态，瞬息万变且充满各种突发性事件。然而，当透过这个视角开展我们的研究时，我们发现 10 倍速公司在方法上的变化程度并不及对比组案例公司。这并不意味着 10 倍速领导者是自满的。具建设性的焦虑辅以严明的纪律，再加上基于实证主义的创造性与第 5 级雄心的结合，根本不可能产生自满的情绪。10 倍速领导者是真正的痴迷之人，也是真正充满活力的人。他们能够实现其宏伟的目标，因为他们坚持了严格的纪律，他们知道什么是有效的。与此同时，他们又充满焦虑——他们一向如此，担心某些原则可能并不适用于不断变化的环境。如果环境的变化真的要求改革，那么他们会改进他们的方法。

改进 SMaC 方法：基于焦虑和创造力的一致性

假设我们要求你列出你所处世界中正在发生变化的所有事情，那么你需要一个多长的清单？先考虑如下几个类别：

经济是如何变化的？

市场是如何变化的？

时尚是如何变化的？

技术是如何变化的？

政治局势是如何变化的？

法律法规是如何变化的？

社会规范是如何变化的？

你的职业是如何变化的？

这类变化的数量极其庞大，而且对于大多数人来说，变化的速度也在不断加快。如果我们试图对任何一个外部变化都做出反应，那么我们很快就会发现自己根本不具备这种能力。大多数变化都只是干扰，而这些变化并不需要我们做出根本性的改变。

然而，有些变化并不是干扰，对它们，我们需要做出调整和改进，否则，我们面临的就是消亡或灾难或错失时机。一家卓越公司必须改进它的方法，在需要的情况下根据环境的变化对特定的要素进行修正，但也要最大限度地保证方法的完整性。

1985 年，英特尔的存储芯片业务正面临一个冰冷的现实。日本的竞争对手将整个行业拖入了残酷的价格战，在两年内导致价格下跌 80%。英特尔领导层最终不得不面对这个残酷的事实：存储芯片业务所能提供的只有血的代价和痛苦。幸运的是，从 1969 年起，工程师特德·霍夫将所有的计算功能集结到一个芯片上——英特尔开始向另一个业务领域（微处理器）发射子弹。在随后的 16 年里，英特尔在微处理器领域逐步积聚了发展动力：市场份额不断加大，利润不断上升，而且也有实据表明，微处理器业务将是一个规模庞大的、切实可行的领域。

斯坦福大学教授罗伯特·伯格曼是英特尔战略演变的世界级权威专家。据他表述，在如何处理不断衰退的存储芯片业务的问题上，安迪·格鲁夫和戈登·摩尔展开了一场辩论。格鲁夫先是将镜头拉远，然后向摩尔提出了一个假设性问题："如果我们被取代，在新的管理层进来之后，他们会做什么？"

摩尔想了一会儿，然后回答："退出存储芯片业务。"

"那么，"格鲁夫说，"让我们穿过旋转门，然后再回来，关闭存储芯片业务，我们自己就可以做到这一点。"

而他们也正是这样做的，然后将全部精力集中在微处理器业务上。

这对于英特尔来说是一个非常大的变化，但英特尔仍保留了其方法中的其他大多数要素。从表 6–3 中，我们可以清楚地看到英特尔在退出存储芯片业务时仍保留的要素。毋庸置疑，如果英特尔盲目地坚守存储芯片业务，那么它可能无法成为一家 10 倍速公司。但同样，如果它改变了其方法中的大多数要素——比如丢弃了摩尔定律，开始削减研发费用，放弃了它的定价模式，破坏了建设性对抗的方法，那么它不会成为一家 10 倍速公司。这个故事的两个部分都很重要：一是一个重大举措，即英特尔退出存储芯片业务；二是一个事实，即英特尔并未改变它的 SMaC 方法中的其他要素。

表 6–3　英特尔的 SMaC 方法

英特尔的 SMaC 方法	1985 年时有无变化
致力于集成电子产品，将所有功能集中在一起，作为一个不可简化的单元提供给客户。重点关注存储芯片业务。	退出存储芯片业务，将重点转移到微处理器业务领域。
坚持摩尔定律，在 18 个月到 2 年内以最低的成本将集成电路部件的复杂性提升 1 倍。	无
摩尔定律的实现方式：（1）通过降低随机缺陷加大芯片尺寸；（2）通过电路创新实现更高的功能密度；（3）制造更小的电路单元。	无
持续开发下一代芯片，以创建无竞争区域。生产客户无法拒绝的芯片，因为英特尔有比其上一代产品更好的新产品，或者英特尔有符合行业标准的产品。通过由 4 个部分组成的循环来实现基于竞争优势的利益最大化：（1）在循环初期，高价出售；（2）实现量产，降低单位成本；（3）在竞争对手介入时，下调价格，并继续降低单位成本；（4）将利润用于下一代芯片的开发，以创建下一个无竞争区域。	无
实现制造流程的标准化，比如“汉堡英特尔”。把制造集成电路想象成制造高科技的胶质软糖。	无
维护“英特尔说到做到”的声誉。公司会一如既往地按照其生产承诺和价格承诺交付产品，并以此赢得客户的信赖。这是取得和保持行业标准的秘密。	无
不要攻击已建立防御工事的山头，避免进入有强劲对手的市场。	无
践行建设性对抗原则。不论层级，都可表述自己的观点，并参与辩论，而一旦做出决定，则无条件执行。	无
对任何事情都要进行评估，确保结果的可预见性。	无
不在衰退周期内削减研发费用；利用衰退周期加快技术革新，以超越竞争对手。	无

英特尔的案例展现了“和的天才”的威力。一方面，在任何既定时间，一家卓越公司只会改变其 SMaC 方法中的一小部分要素，并保持其他要素的完整性。另一方面，这不仅是一种“增量”变化；我们从定义上基本就可以看出，SMaC 方法的变化是一个十分重要的变化。通过抓住这样一个重点，10 倍速公司可以在实现重大变化的同时保持非凡的一致性。

英特尔的对比组案例公司美国超微半导体公司采取了截然相反的做法。它先是选定了一个方法，然后用另一个方法取代该方法，再然后用更新的取而代之，循环往复。在发展初期，美国超微半导体公司制定方法的主要内容是致力于成为第二货源供应商，并按军用规格制造芯片。然后，20 世纪 80 年代初期，杰里·桑德斯又制定了一个新的方法，这次是为了“芦笋”！种植芦笋需要更多的前期投资，而且生长周期也长于其他作物，但芦笋价格更高。将这个类比延伸到微电子领域，这个芦笋就是专有芯片。桑德斯将公司的业务重点转移到需要更多前期投资和更长开发周期，但价格更高的专有芯片上面。美国超微半导体公司在总部外面挂了一面有芦笋图案的旗帜，而广告语是“我们已经为‘芦笋’业务做好了准备”。然而，仅仅几年之后，美国超微半导体公司就又退回到第二货源战略，当然，它也保留了部分芦笋业务。之后，它又转移到所谓的“P3 战略”（平台、流程和生产）上。再然后，它又开始追求所谓的“以客户为中心的创新”。这些想法本身都很好，但如此频繁地从一个经营战略转向另一个经营战略，会经常引发全面改革，从而使得超微半导体公司无法获得长期的发展动力。

一家 10 倍速公司如何确定改进方法的合适时间？当然，前提是它要有一个真正的好方法。对一个明确的方法，公司可以按照环境的变化对其各要素进行考量。公司都面临哪些严峻的事实？（不要观点，只摆事实。）我们已经发射了什么子弹？这些子弹击中目标了吗？从英特尔的案例中我们可以看到，发射子弹可以让你对不确定的未来具有一种防备。这样一来，在世界发生变化时，你或许已经有一个准备好的改进方案。英特尔并不是通过发明微处理器来应对存储芯片业务中的突发性事件的；它发射了 10 多年的子弹，才最终确定进军微处理器的业务领域。

这里有两种改进 SMaC 方法的有效方式：第一，发挥基于实证主义的创造性，这种创造性更多的是由内部驱动的；第二，发挥具建设性的焦虑，这种焦虑主要针对外部环境的担忧。第一种方式通过发射子弹来发现新领域并对其进行测试，若测试通过则将其纳入方法的一部分。第二种方式是将镜头拉远，以了解环境的变化情况并对其做出评估，然后拉近镜头，按照需要改进方法。

10 倍速领导者会同时运用上述两种方式，当然在不同的情况下，其侧重点也会有所不同。就英特尔的案例而言，首先是基于实证主义的创造性（朝着微处理器的业务领域发射子弹），然后是在存储芯片业务难以支撑时采取具建设性的焦虑方式。微软之所以在

20 世纪 90 年代拥抱互联网业务，最初的动机或许就是这种具建设性的焦虑。

在 1994 年之前，微软制定了一个方法，将独立个人电脑作为公司的核心业务。然后，在 1994 年 1 月，25 岁的微软工程师詹姆斯 · J. 阿拉德拉响了警报。他指出，每分钟互联网上会出现两个新系统，每 40 分钟会出现一个新网络。一个月后，微软的一位技术高管访问了康奈尔大学，在那里，他目睹了学生们的上网情况。随后，他给比尔 · 盖茨发了一封电子邮件："康奈尔已经联网了。"就像攀登珠穆朗玛峰的布雷西尔斯一样，在觉察到环境变化之后，盖茨也采取了拉远镜头的策略。事实上，盖茨早就采取了这样一个"拉远镜头"的机制，每年他都会给自己安排一个星期的时间，用于集中阅读和反思，而这就是他的"思考周"。在 1994 年 4 月的"思考周"，盖茨将关注重点放在了互联网的问题上。此外，他还鼓励他的团队对此进行思考，并为微软智囊团安排了一个度假村，以评估公司所面临的危险——周遭的事实是什么？需要进行大的改革吗？这是一个真相还是一个假象？我们受到威胁了吗？围绕这些问题而展开的讨论、辩论和争吵，持续了数月之久。最终，微软认为互联网的崛起确实代表了外部环境中的一个根本性变化，也是一个严重威胁，微软需要全面拥抱一个互联网的世界。

然后，微软又拉近镜头。盖茨写了一份名为"互联网浪潮"的备忘录。在这份长达 8 页的文件中，他描述了自己的思想演变过程，表示"通过多个阶段强化了自己对互联网重要性的认识"。随后，在他的领导下，微软改弦更张，整个团队"全力以赴进军互联网领域”。在盖茨的安排下，超过 500 名程序员加速开发浏览器，而这个浏览器就是人们后来熟知的 IE 浏览器。这份备忘录及其背后的经过成为一个传奇故事，让人们看到了一位有远见的创始人是如何彻底改革他的公司的，又是如何在一夜之间实现战舰 180 度大转弯的。

然而，同英特尔转向微处理器的业务领域一样，微软也完整地保留了其方法中的大部分要素，而且正是这个原因，使得它在互联网崛起之前获得了成功。微软没有放弃它对软件的重视，没有放弃对标准的信仰，没有放弃先推出非完美产品然后再逐步改进的策略，没有放弃以价换量的战略，没有放弃对开放系统的承诺，没有放弃为获得最佳想法而在内部设立的自由辩论平台，没有放弃 Windows 系统，没有放弃应用。对于微软来说，拥抱互联网是一个巨大的改变，然而公司所遵循的方法中的大部分要素并未发生变化。微软是否对其方法做了大改变？是的。微软是否保留了方法中的大部分要素？是的。10 倍速领导者拒绝在保持一致性和改革之间做出非此即彼的选择，他们在维持稳定的同时进行了改革。

一致性和改革：伟大的人类张力

1787 年费城制宪会议召开时，制宪者提出了一个非常深远的问题：如何设立一个既灵活又持久的实用框架？如果沿着一个方向走得太远，并为此设定了太多苛刻的限制，那么《宪法》要么成为一套紧身衣，要么变得毫无意义。制宪者无法预测世界如何变化，对汽车、飞机、听众热线广播、有线新闻、互联网、民权运动、核武器、避孕药、苏联的崛起、苏联的衰落、爵士乐、身价数百万美元的运动员罢工、美国人对国外石油的依赖、“9·11”恐怖袭击事件，他们甚至连想象的能力都没有。如果沿着另一个方向走得太远，只提供宽泛的指导原则，那么《宪法》就会缺乏效力，无法将不同的人群和不同的州融入一个国家。他们必须制定一个连贯的、前后一致的、持久的框架，唯其如此，才能避免这个国家分裂成无数个独立的小国家。

于是，他们推出了一个独创性的发明：《宪法》修正机制。这种类型的机制在人类历史上是首创。据此，《宪法》便可以实现有机演变，在出现制宪者未能预测的情况时，子孙后代便可以对《宪法》进行修正。同样重要的是，他们也创造了一个确保稳定的机制，为修宪设置了一个非常高的门槛。1791 年，美国首次通过了 10 个修正案（即《权利法案》），而在之后的 220 年里，美国只通过了 17 个修正案。制宪者通过制度设计加大了修正案通过的难度；要想通过一个修正案，需要众议院 2/3 的议员多数通过，参议院 2/3 的议员多数通过，然后还需要 3/4 的州批准，才能最终通过。想一想自 1791 年到 2011 年发生的所有事情，但其间只通过了 17 个修正案。《宪法》的制定者很清楚变化是无可避免的，但同时他们也知道，一个伟大的国家必须有一个一致性框架，以确保国家正常运行，尤其是在一个急剧变化的、完全不可预测的世界里。

任何事业，无论是公司、社会、国家、教堂、社会企业、学校、医院、军事单位、管弦乐队、团队，还是其他任何人类组织，都需要不断地在稳定性和改革之间寻找一种平衡。没有任何一项人类事业能够在缺乏稳定性的情况下取得巨大成功；如果你的努力中缺乏前后一致的概念和严格的方法论，那么环境的变化会让你遭受重创，到时你的命运就不会再掌握在你自己的手中了。同理，也没有任何一项人类事业能够在缺乏有效演变的情况下取得巨大成功。

我们发现，10 倍速公司在协调这种伟大的人类张力时，所采用的方式同制宪者所考虑的修正机制是类似的。你需要通过明确的规则来指导你的决定，从而提供一个前后一致的框架，并始终保持这种连贯性。同时，你还需要时间了解这些规则，要清楚地知道哪些规则是真正有效的。1787 年，美国将部分最优秀的人才派到费城。在那里，他们将进行为期 4 个月的《宪法》制定工作。《独立宣言》提供的是一种理想主义（“我们认为这些真理是不言自明的”），但《宪法》需要从现实层面将人和权力的实际运作、利己的不朽力量、相互制衡的必要性、反动群体的危险性和妥协的价值全部考虑在内；并且它需要一个改革机制。

通过改革转向一个可靠的、已被证实的 SMaC 方法，就好像《宪法》修正案：如果你的方法是合适的，是建立在实践洞见和实证验证的基础之上的，那么它就应该长期为你所用；同样重要的是，根本性的变化也是可能的。要不断对你的方法提出质疑和挑战，但不要经常做出改变。

卓越属于那些不断进取的人，属于那些找到有效方法的人，属于那些坚持摩尔定律的人，属于那些在美国范围内稳步推进西南航空公司业务模式的人，属于那些攻克促红细胞生成素难题的人，属于那些不遗余力地将 Windows 系统打造成行业标准的人，属于那些制造我们想要的电脑和 MP3 播放器的人。那些将大部分精力都用在“应对变化”上的人，其结果只能是将大部分精力耗在应对变化上。颇具讽刺意味的是，那些为世界带来最大变革的人，以及那些对经济和社会产生最大影响的人，都是持之以恒地坚持他们的方法的人。他们并不是教条主义者，也不是死板之人。他们恪守纪律且富有创造性，他们是焦虑者，他们是 SMaC 人！

小　结

关键点

- SMaC 代表具体的、有条理的和始终一致的概念。你所处环境中的不确定性越大，变化的速度越快，条件越不利，你就越需要 SMaC。
- 一个 SMaC 方法是一套持久的运营方法，而依据这种方法，你可以创造一个可复制的、始终一致的成功公式；SMaC 方法是明确且具体的，它可以把整个企业的力量集中起来，清楚地指导你该做什么和不该做什么。SMaC 方法反映的是实证验证和洞见，而这些实证验证和洞见会告诉我们什么是真正有效的，以及为什么它们是真正有效的。霍华德·帕特南对西南航空公司提出的 10 点要求，很好地诠释了这一思想。

- 制定一个 SMaC 方法，坚持这个方法，并依据环境的变化改进这个方法（但不要经常改变），以实现 10 倍速式成功。这需要 10 倍速领导者具备三种特质：基于实证主义的创造力（制定并改进 SMaC 方法），严明的纪律（坚持 SMaC 方法），以及具建设性的焦虑（感知必要的变化）。
- 就对比组案例公司而言，在鼎盛时期，除一家公司外，剩下的都有可靠的方法，但由于缺乏实施这些方法的纪律和创意的连贯性，所以在动荡时期，它们经常会折戟沉沙。
- 在对 SMaC 方法进行改进时，你可以改变一个要素或一个组成部分，但同时要保持该方法其他部分的完整性。如同对长期存在的《宪法》进行修正一样，这种方法既可以让你应对急剧的变化，又可以让你保持非凡的一致性。对于人类任何事业来说，处理好一致性和变革之间的关系，是它们所面临的最大的挑战之一。
- 这里有两种改进 SMaC 方法的有效方式：第一，发挥基于实证主义的创造力，这种创造力更多的是从内部驱动的（先发射子弹，后发射炮弹）；第二，发挥具建设性的焦虑（先将镜头拉远，后将镜头拉近），这种焦虑主要是对外部环境的担忧。

意外发现

- 制定一个明确且具体的、可持续数十年之久的方法是可能的，而这个方法就是 SMaC 方法。

- 就 10 倍速公司的 SMaC 方法而言，在我们选取的分析期内，其变动比例平均只有 15%（而对比组案例公司的这一比例为 60%），且 10 倍速公司方法中的每一个要素所持续的时间，平均都超过 20 年。这是一个令人震惊的发现，因为该项研究中的所有公司，无论是 10 倍速公司还是对比组案例公司，都面临急剧的变化和持续的不确定性。
- 比进行改革更难的是，确定什么是有效的，了解为什么它们是有效的，知道何时该做出改变，何时不该做出改变。

关键问题

- 你的 SMaC 方法是什么？它是否需要改进？

第七章

运气的回报

听着，如果有一个机会可以让你在某个时刻得到你想到的东西，

那么，你是抓住这个机会呢，还是让它白白溜走？

——马歇尔·布鲁斯·马泽斯三世，《迷失自我》

1999 年 5 月，马尔科姆·戴利和吉姆·多尼尼站在阿拉斯加州雷鸣山 3 000 英尺高的地方。他们要挑战一面从未有人攀登过的山壁，而这里距离山顶也只有数百英尺的距离。戴利建议多尼尼先上，以便体验最先登顶的喜悦，但多尼尼说："不，还是你先上，这个礼物应该是属于你的。"

不到一个小时，戴利将被悬吊在绳子的一端。这时的他，双腿已是粉碎性骨折，而一场史诗般的生存之战也由此拉开序幕，戴利的生命也因此而被永远改写。

戴利朝着山顶爬去，手持的破冰斧就像是一个巨大的钩爪，而靴子上的鞋钉则如尖刀一般。正是借助它们，戴利在近乎垂直的山壁上一步步向上攀登。他拖拽起身后的安全绳（系在他的腰间），而多尼尼则依附在山壁上，通过一个摩擦装置为自己的同伴递送绳索，这根绳子的作用就像汽车的安全带一样，在遭遇紧急情况时会瞬间收紧，避免发生意外。他们的计划是，戴利先攀登到山顶并在攀登沿途设置保护点（主要是在坚实冰层中嵌入"螺旋冰锥"），然后，在山顶找到安全的落脚点，最后，固定安全绳，为多尼尼向山顶攀登提供帮助。

在大约还有 15 英尺就可以攀过陡壁的时候，戴利伸手抓住了上面一块岩石的边角。没问题，最后的这几英尺似乎很容易就能攀过。戴利用左手抓住这块岩石的一个大凸角，然后继续用右手摸索可抓的地方。这时，他想："天哪，下一步就可以了，这面山壁总算要攀过去了。我们实际上已经登顶了。"

然而，意外突然发生了。

他跌了下来。

10 英尺。

20 英尺。

螺旋冰锥被拔了出来。

40 英尺。

100 英尺。

仍在继续下坠！

在戴利飞速下坠时，绳索飘摇，而传动装置也在"哐哐"作响。

他撞上了他的同伴，锋利的鞋钉刺伤了多尼尼的右大腿。

戴利呼啸而过。

仍在下坠！

又下坠了 60 英尺。

绳索被某个锋利的东西割裂。原本安全绳由 12 股绳芯构成，现在其中 10 股已被直接切断，如果另外两股也被切断，那么后果将不堪设想。

戴利撞到了山腰上。剩余的那两股不足 2 毫米粗的绳芯已被拉紧，幸好还没有断裂。戴利终于不再下坠，但此时他已不省人事。

"马尔科姆，马尔科姆，你没事吧？你还活着吗？"多尼尼大声喊道。他认为戴利肯定死了。

戴利没有回应。

多尼尼仍在继续喊，但依然没有回应。

戴利最终恢复了知觉。血从头上流下。他看了看自己的小腿和双脚，开放性粉碎性骨折，他的双脚已经完全失去了行动能力。戴利感到骨头摩擦的疼痛。

多尼尼从上面下滑到戴利身边，他们试图设计一个自救方案，但很快就发现任何举动都将进一步恶化戴利的伤势，并可能使其因流血过多而丧命。戴利对多尼尼说："你只能找人来救我。"在将戴利安置好之后，多尼尼独自一人直坠 3 000 英尺，去寻求他人的帮助。

刚抵达山底的大本营，多尼尼就听到了一个让他十分意外的消息：他在探险救援公司——塔尔基特纳空中的士公司就职的朋友保罗·罗德里克，刚好就在这一时刻飞过这座山谷。多尼尼示意罗德里克停下，随后罗德里克驾机直接将多尼尼送到巡逻站。营救戴利的计划立即开始，相比于多尼尼徒步前往巡逻站，驾机前往至少省下来几个小时的时间，而这几个小时被证明是至关重要的。到组织救援行动时，一场大风暴已近在眼前。救援队与天气展开了赛跑，一架直升机飞到了戴利所处位置的上空，一名救援飞行员沿着直升机的缆绳下滑到山腰，然后将戴利救出。

4 个小时后，一场巨大的风暴席卷了整座大山，而且一直持续了 12 天之久。

是运气还是技能？

现在，问一下自己，运气在这个故事中扮演了什么样的角色？坏运气使得戴利从一个看起来很安全的地方掉入无底深渊。但这里面也有很多好运气。安全绳中的绳芯并没有被完全切断。戴利在下坠的过程中并没有丧生。虽然戴利在下坠时撞到多尼尼，但也只是伤到了后者。多尼尼在抵达大本营时刚好看到有飞机经过。如果这一切所花费的时间超过 5 个小时，那么戴利将无法幸存。

现在，让我们再补充一下这个故事的其他细节。

马尔科姆·戴利事先已经做好了充分的准备工作。他有着充沛的体力和丰富的经验，其健硕的身体和力量源于成千上万个小时的严格训练——骑自行车、攀岩、跑步和登山。此外，他也做好了充分的心理准备，阅读各种生存类的文献，以做好在最恶劣的环境中求生的准备。其实，在此次登山前的几天里，他刚刚读过 1916 年欧内斯特·沙克尔顿及其使命团在南极洲象岛自救的故事。通过这个故事，戴利认识到一味地抱怨自己运气不佳只会增加风险。“我的脚是我的生命，”他后来回忆道，“但这双脚已经这样了，我做什么都已无济于事。如果我一味地担忧，那么这种担忧就会成为一种压力，甚至还可能会降低我的生存概率。所以，我不再去想这个事情。”

戴利制订了一个生存计划，而这就是他后来所说的生存决定。他必须保持体温，避免出现体温骤降的情况。为此，他专门制定了一套疗法：先是一个手臂 360 度旋转 100 次，然后换另一个手臂 360 度旋转 100 次，紧接着，做 100 个仰卧起坐，然后重复上述练习，集中精力，准确计数。他要的是一个准确的 100，而不是一个“大约”的 100。虽然身心俱疲，但他一直坚持这个疗法：次数从最初的 100 降到 50，后来降到 20，但他始终没有放弃。凭着这种耐力和顽强精神，戴利一直坚持了 44 个小时，而这显然不是靠运气。

他有一个优秀的合作伙伴吉姆·多尼尼。一直以来，戴利都非常注重合作伙伴的挑选，因为在最紧要的关头，合作伙伴就是在山上与你并肩作战、一同抗击危险和不确定性状况的人。多尼尼有着数千天的登山经验，攀登过包括巴塔哥尼亚高原和喜马拉雅山在内的众多高山，也曾是征服过一些世界高峰的“第一人”。此外，他还是世界上少有的几位能够从 3 000 英尺的高山独自一人直坠山谷的登山队员之一。尽管大腿已经受伤，但他还是实现了安全直坠，并最终抵达大本营。

在救援开始时，戴利也做好了准备。他先是把包裹双脚的背包切开，以便救援人员能够把他轻松移开，再将腿上的覆盖物去除，铲除残留的冰雪，以免自己被冻在岩壁上。戴利之所以采取这些措施，是因为他研究过直升机救援的情况。面对救援，他已经做好了准备。

依我看来，戴利能够活下来的一个重要原因，或许是他与喜欢他的人建立了一种关系，而这些人愿意为他冒生命危险，顺着直升机缆绳下来救他的正是他的老朋友比利·肖特，同时比利也是救援队的领队。在肖特降至雪坡时，他的无线电出了故障，通常情况下，这意味着救援计划的破产。但肖特知道他必须要在暴风雪来临前救出他的朋友，因为他要救的是他的朋友！于是，肖特当场做出决定，改用手势与救援直升机联络。利用破冰工具，肖特迅速接近戴利。在一切准备就绪后，他发信号给救援直升机，示意赶紧将他们两人转移。肖特紧紧地抱着戴利。他们被直升机吊在离地数千英尺的高空中，而此时的肖特笑着对戴利说："你知道我是谁吗？"戴利摇了摇头，他无法看清这名救援者的脸。于是，肖特拉起面罩说："我是比利·肖特！"戴利的朋友来救他，这会为他传递一种安全感。戴利在这场生死抗争中等待救援并最终获救，显然存在运气成分，但最终拯救戴利的却不是运气，而是人。

运气的角色

这项研究的本质——应对一个充斥着我们无法预测或掌控的拥有巨大破坏性力量的世界，在不确定的环境中实现蓬勃发展，在混乱的环境中取得领先——把我们引向了一个非常有趣的问题："运气扮演了什么样的角色？"如果运气的确扮演了某种角色，那么在我们生存和成功的战略中，我们该如何看待这一因素？或许我们所研究的和所写的东西，以及领导者和员工的作用，只能解释普通情况和 2 倍速成功之间的区别，而运气则可以解释 2 倍速和 10 倍速之间的区别。或许 10 倍速公司真的比对比组案例公司更有运气。但事实或许并非如此。

我们决定对运气进行分析，并提出如下三个基本问题：

1. 在10倍速公司和对比组案例公司的历史上，运气是一个常见的要素还是一个罕见的要素？
2. 如果运气扮演了某种角色，那么在解释10倍速公司和对比组案例公司的不同发展轨迹时，运气所扮演的角色是什么？
3. 在通往10倍速成功之旅中，领导者怎样利用运气成分帮助他们打造卓越的公司？

首先，我们需要制定一个严格的且内在统一的方法来分析这个问题。首要的一步就是对运气事件进行明确定义。我们认识到，人们会以一种不太准确的方式来思考运气，按照一些常见的说法来理解运气，比如“运气是准备工作与时机相遇的产物”或者“运气都是精心设计的”或者“人越努力就会越幸运”。所有这些被经常重复的说法，实际上都不足以准确地分析运气的角色，所以我们给出了一个定义，以便我们直接与这个问题联系起来，而重点则放在了具体运气事件的确定上。

按照我们的定义，运气事件需要满足以下三个条件：第一，事件的重要方面与关键角色的行动，基本没有关系或完全没有关系；第二，事件具有潜在的重大后果（好的或坏的）；第三，事件具有不可预测的要素。

该定义的这三个部分都很重要。首先事件的重要方面与关键角色的行动之间必须是相互独立的，或者基本上没有关系。比如，戴利和多尼尼并不是保罗·罗德里克在恰当的时间驾机飞越事发地的原因。这是一个巨大的运气事件，要知道，营救戴利的时间是非常紧迫的，因为一场暴风雪即将到来。其次，事件必须具有潜在的重大后果（好的或者坏的）。正是因为那两根未被切断的绳芯，戴利才没有直坠谷底。最后，事件必须具有不可预测的因素。戴利没有预料到他会从一个看似安全的地方跌下来，没有想到这会让他飞速直坠200英尺。

然而，从戴利和多尼尼这个故事的其他细节来看，这不能算是运气事件。在长达44个小时的时间里，戴利一直坚持做仰卧起坐和手臂旋转运动，这种行为体现出坚强的意志和强健的体魄。多尼尼独自一人沿着山壁直坠3 000英尺，所体现出来的是技能和经验。戴利的朋友愿意冒着生命危险去救他，并不是戴利运气好，而是他们知道戴利也会为他们做同样的事情。

在运气的定义中，我们并没有探究事件的最终原因。无论运气事件源于随机、意外、复杂性、无意还是其他力量，这都不影响我们对运气的分析。对戴利所系安全绳中未被切断的那两股绳芯，你可以将它视为纯粹的运气或者一个奇迹。只要一个事件符合我们定义中的三个维度，那么不管它的原因是什么，我们都将它归类为运气事件。

我们制定了一个用以确定运气事件重要性的方法，以此来解释为什么有些事件的影响会大于另外一些事件的影响，从而确保对比分析的一致性。在表7–1和表7–2中，我们分别为这两家公司列出了7个具有代表性的运气事件（在这组公司中，我们一共确定了46个运气事件），以此举例说明。

对运气进行分析是非常困难的，或许也是很新颖的。我们针对每组配对公司都使用了同一种方法，这样我们就可以基于对证据的分析来解析难以捉摸的运气。我们将重点放在这样一个问题上："与对比组案例公司相比，10 倍速公司是不是好运气更多或坏运气更少？"

表 7–1　安进

运气事件	评估
1981 年：一位名为林福坤的中国台湾科学家恰好看到安进发布的一则招聘助手的分类广告，并前去应聘。安进既不能控制谁能看到这则广告，也无法预测其中的一名应聘者会是一个克服种种困难和怀疑并最终带领团队实现促红细胞生成素基因突破的天才。安进决定发布一则分类广告，这不是运气事件；林福坤恰好在寻找工作时看到了那则广告，这是运气事件。	好运气，很重要
1982 年：生物技术行业经历了一次衰退。对于开起步的公司来说，投资者的情绪和融资选择都受到了影响；对于安进来说，潜在影响更大，因为它计划在不久之后公开上市。	坏运气，一般重要
1983—1989 年：安进分离出了促红细胞生成素基因，并将其比作"在一个宽 1 英里、长 1 英里、深 1 英里的湖中找到的一块儿方糖"。促红细胞生成素通过了临床测试和食品药品监督管理局的批准。在生物技术领域，无论研发人员有多么娴熟的技能，成功研发出一种新产品都会涉及一些运气的成分；对于一种新产品来说，从概念的提出到临床测试再到获得食品药品监督管理局的批准，这一过程的失败概率一直存在。	好运气，很重要
1987 年：一家名为遗传学研究所的竞争对手绕过安进的促红细胞生成素专利技术获得了一项专利。安进攻克了制造生物工程促红细胞生成素的难题；遗传学研究所获得了一项所谓的"自然"促红细胞生成素的专利，即通过人尿分离纯化促红细胞生成素的专利技术。《自然》杂志刊文总结道："最终目的地归属遗传学研究所，而要想抵达这一目的地，就只有安进这一条路。"这一未曾预料到的事件对安进充分利用其突破性产品的能力造成了冲击。	坏运气，很重要

（续表）

运气事件	评估
1991 年：美国联邦巡回上诉法院推翻了法院先前对安进和遗传学研究所纠纷的判决，进而判定安进胜诉，而且美国最高法院拒绝接受遗传学研究所提出的上诉，从而让安进获得了全面胜利。安进发起了一次猛烈的、针锋相对的合法抗辩，这不是运气事件；这里的运气事件是巡回法院所做出的裁决，是最高法院拒绝接受基因学研究所的上诉，因为这都不是安进能决定的。裁决的结果令很多业内人士感到惊讶，因为在他们看来，安进是不可能赢得这场诉讼的，它应该寻求和解的方式。	好运气，很重要
1995 年：抗肥胖基因瘦蛋白未能通过所有的概率门槛，因而未能如愿以偿地成为一种新产品。但市场的潜力是巨大的，如果该产品有效，人们只需服用药片就能减少饮食和降低体重。因为这一创新产品并未对患者产生足够大的影响，所以安进后来终止了临床试验。	坏运气，一般重要
1998 年：在化疗中可以减少血小板损失且被公司认定可能成为一种“本垒打”产品的巨核细胞生长发育因子（MGDF），未能通过所有的概率门槛。2000 年，这种产品的市场规模可能达到 2.5 亿美元，但临床试验表明，部分患者会产生导致该产品失效的抗体。	坏运气，一般重要

表 7–2　基因泰克

运气事件	评估
1975 年：金融家罗伯特·斯旺森和分子生物学家赫伯特·博耶恰好于正确的时间（科学进步使得基因编辑成为可能）在正确的地点（旧金山湾区）相遇。两人相谈甚欢，迅速发展成朋友；他们认识到，基于两种力量的合力（风险资本的崛起和基因编辑技术的进步），创建历史上第一家生物技术公司是完全可能的。他们决定创建一家公司，这不是运气事件；他们于正确的时间在正确的地点相遇，并决定成立第一家生物技术公司，这是运气事件。	好运气，很重要

（续表）

运气事件	评估
1980 年：《时代》杂志用一整版的内容对基因泰克即将到来的股票首次公开发行事件进行了报道。这次发行远远超出了外界的预期，成为现代商业史上最成功的股票首次公开发行案例之一——它相当于那个时代的网景或谷歌的股票首次公开发行，其股票价格在不到一天的时间里涨幅超过 150%（从 35 美元上涨至 89 美元）。基因泰克有一次成功的股票首次公开发行，这不是运气事件；它的股价在一天内上涨 150% 是人们未曾预料到的，也是不可控的，这是具有重大意义的运气事件。	好运气，一般重要
1982 年：基因泰克成为第一家成功将基因编辑应用于生产商业性重组 DNA 药物（人胰岛素）并获食品药品监督管理局批准的公司。基因泰克找到了拼接基因的方法，这不是运气事件；没有其他公司走在它的前面，这是运气事件。基因泰克生产出一种产品，这不是运气事件；这种产品通过了临床测试和食品药品监督管理局的批准，这是运气事件。	好运气，很重要
1982 年：生物技术产业经历了一次衰退，影响了投资者的情绪；股价从股票首次公开发行时最高每股 89 美元跌至不到 35 美元，导致资本成本上升。市场从来都是不可控的，也是不可预测的。这次衰退对基因泰克的潜在影响是巨大的，因为它当时的利润还不足 100 万美元，急需获得权益资本来支持突破性产品的研发。	坏运气，一般重要
1987 年：由基因泰克发现的、商标名为 Activase 的 t-PA 顺利通过临床测试，并获得食品药品监督管理局批准。潜在的市场是庞大的，因为它可以用于阻止早期的心脏病发作。哈佛医学院医学系主任表示"t-PA 之于心脏病发作的救助，就好比是青霉素之于感染治疗"。作为生物技术领域的首枚重磅炮弹，Activase 被认为是"有史以来推出的最成功的新药"，同时被视为"基因泰克的第一个超级明星"，并寄希望于该产品可以将基因泰克打造成第一家收入超过 10 亿美元的生物技术公司。	好运气，很重要
1989 年：《新英格兰医学期刊》刊发了一篇文章，对 t–PA 相对于其他更保守的策略或替代疗法的疗效提出了质疑。其他一些研究也对 t-PA 提出了质疑。基因泰克无法控制外部的研究，颇有声望的《新英格兰医学期刊》的文章扩大了事件的影响	坏运气，很重要
1993 年：一项名为 GUSTO 的研究得出了与先前研究不同的结论，认为基因泰克的 t–PA 比替代疗法更有效；t–PA 再次获得市场支持，而市场份额也一举上升到 70%。基因泰克资助 GUSTO 研究，这不是运气事件；研究证实了 t–PA 的疗效，其中有运气的成分，因为这样的研究通常都不会得到自己想要的结果。	好运气，很重要

运气解码案例

表 7–1 和表 7–2 中的分析让我们感到更加兴奋，这些数据会给我们展现一个什么样的结果。毕竟，据我们了解，还没有人以这样一种方式来分析运气，而且我们也不知道这些证据将产生什么结果。通过运用所下的定义，我们为 10 倍速公司和对比组案例公司确定了 230 个重要的运气事件，并对它们进行了系统分析。它们既有很多好运气，也有很多坏运气，但在创造 10 倍速公司成功的过程中，运气扮演的是一个什么样的角色——是区别性角色、解释性角色还是决定性角色呢？

为找到这个问题的答案，我们从多个角度进行了考察。首先，我们考察的是，10 倍速公司所拥有的好运气是不是远超过对比组案例公司。总体而言，答案是否定的。在我们选取的分析期内，10 倍速公司平均有 7 个好运气事件，而对比组案例公司平均有 8 个好运气事件。没有证据表明 10 倍速公司的好运气事件远远超过对比组案例公司（见表 7–3）。

表 7–3　具有重要意义的好运气事件的数量

配对公司	10 倍速公司	对比组案例公司
安进和基因泰克	10	18
巴奥米特和基兰斯纳	4	4
英特尔和超微半导体公司	7	8
微软和苹果	15	14
前进保险公司和萨菲科	3	1

（续表）

配对公司	10 倍速公司	对比组案例公司
西南航空和太平洋西南航空	8	6
史赛克和美国外科医疗公司	2	5
平均值	7	8
总计	49	56

然后我们又想：对比组案例公司遭遇的坏运气是不是多于 10 倍速公司？总体而言，答案是否定的。我们的分析表明，10 倍速公司和对比组案例公司遭遇的坏运气事件数量是差不多的，平均约为 9 件（见表 7–4）。

表 7–4　具有重要意义的坏运气事件的数量

配对公司	10 倍速公司	对比组案例公司
安进和基因泰克	9	9
巴奥米特和基兰斯纳	7	4
英特尔和超微半导体公司	14	11
微软和苹果	9	7
前进保险公司和萨菲科	8	10
西南航空和太平洋西南航空	13	13
史赛克和美国外科医疗公司	5	6
平均值	9.3	8.6
总计	65	60

然后，我们又转向了另一个问题：单一运气事件——一个巨大的运气事件——是否大到足以解释 10 倍速公司相对于对比组案例公

司所取得的全部成功？我们只在一组配对公司（英特尔对超微半导体公司）中发现一方有巨大运气事件（IBM 个人电脑选择的是英特尔的微处理器），而另一方没有相对应的巨大运气事件。但即使在这个案例中，英特尔 30 年来所取得的持续成功也无法完全用这个单一运气事件来解释。要知道，该公司早在 20 世纪 70 年代初就已经提出并践行了“英特尔说到做到”，并为其赢得了声誉。总体来看，无论是 10 倍速公司还是对比组案例公司，都遇到了一些巨大的好运气事件，也都遭遇过一些巨大的坏运气事件；证据并不支持这样一个假设，即 10 倍速公司的成功是因为它们碰到了一个可以令其他所有一切都相形见绌的巨大运气事件。

最后，我们对运气的时间分布进行了分析。我们想的是，在公司获得全面发展机会之前，或许 10 倍速公司更早地获得了好运气，而对比组案例公司则更早地遭遇了坏运气。或许正是因为过早地获得了这种不成比例的好运气，才使得 10 倍速公司相对于对比组案例公司，在发展道路上获得了长期优势。但同样，我们发现配对公司在这方面并不存在重大差别。10 倍速公司并没有在发展初期获得更多的好运气，而对比组案例公司也没有在发展初期遭遇更多的坏运气。10 倍速公司之所以能够获胜，并不在于发展初期拥有更多的优势或更多的好运。总体而言，10 倍速公司既没有在早期占有明显优势，也没有获得更多的好运。

在我们的整个分析过程中，我们对运气和结果进行了非常仔细的区分。一家企业在遭遇坏运气时也可能创造好的结果。同样，一家公司在拥有好运气时也可能创造一个不好的结果。10 倍速公司和对比组案例公司之间的真正区别，实际上不是运气的好坏，而是如何对待运气。

基于所有这些证据，我们发现10倍速公司整体上并不比对比组案例公司运气更佳。10倍速公司和对比组案例公司都会遭遇运气事件——无论是好的还是坏的，而且数量大致相当。我们基于这些证据得出结论，运气并不是10倍速公司成功的原因。10倍速公司成功的原因在于人。所以，至关重要的问题并不是“你幸运吗”，而是“你是否得到了好运气的高回报”。

谁是可以给你带来最好运气的人？

1998年，安进的董事长戈登·宾德在纽科门学会发表演讲时指出：“这在安进的历史上可能是一个决定性的时刻。”他指的是什么？早期的风险投资？安进的股票首次公开发行？美国食品药品监督管理局批准了重磅产品促红细胞生成素？其他主要产品的研发？都不是。这个“决定性的时刻”是指中国台湾科学家林福坤刚好在那时看到了公司招聘助手的广告，并前来应聘。

1982年的一个清晨，当乔治·拉思曼驾车驶入公司的停车场时，他发现实验室的灯依然亮着。“肯定是昨天晚上有人忘记关灯了。”他心里想。当他走进实验室去关灯时，发现林福坤仍在那里埋头工作—林福坤整个晚上都在那里。在工作上，林福坤一向都不张扬，兢兢业业，凭着耐心和恒心长期致力于克隆促红细胞生成素的攻关；在近两年的时间里，他每天都工作16个小时。由于这个问题太难解决，所以人们都刻意避开林福坤这种堂·吉诃德式的追求。林福坤后来回忆道："其他同事对我的助手说，'你为什么要和这么一个人共事？你要知道他的项目是没有出路的。'"如果林福坤没有看到那则广告，结果会怎样？如果他在其他地方谋得一份工作，结果会怎样？若是如此，安进还会制造出生物技术领域内第一枚价值数十亿美元的重磅炮弹吗？

我们原以为运气是一个"事情"变量—飞机恰好在正确的时间飞过，股票首次公开发行比预期更成功，等等。但运气最重要的形式之一并不是"事情"，而是"人"。比如，在家族企业中，后代们能否带领公司走向卓越，其中就有很大的运气成分；前进保险公司最初是位于俄亥俄州克利夫兰的一家小型家族企业，而这家企业的所有者恰好有一位具备10倍速领导者潜质的儿子—他就是在1965年接管公司的彼得·刘易斯。

这一研究项目有一个假定前提，即我们生活在一个混乱的、充满不确定性的环境中。但这种环境并不能决定哪些公司会在混乱中实现蓬勃发展，哪些公司不会在混乱中实现蓬勃发展。起决定性作用的是人，是严格遵守纪律的人，是基于实证主义的人，是有创造力的人，是具建设性的焦虑者，是领导者，是打造团队的人，是建立组织的人，是创建公司文化的人，是尊重价值、追求目标、致力于实现大胆创新的宏伟目标的人。在我们所能获得的所有运气中，“人的运气”—找到合适的导师、合适的合作伙伴、合适的团队成员、合适的领导者及合适的朋友的运气—是最重要的运气之一。

运气的高回报率

为什么比尔·盖茨会成为一位10倍速领导者？为什么他会在个人电脑的革命浪潮中打造出一家真正卓越的软件公司？只从一个角度来看，你或许认为比尔·盖茨太幸运了。他恰好出生在美国一个中上阶层家庭，因而拥有去私立学校读书的机会。他就读的是西雅图的湖滨学校，该校恰好有一台可进行远程连接的计算机供他学习编程；20世纪60年代末期和70年代初期，这种设备在学校里是很少见的。他恰好出生在一个合适的时间，在他那个时代，微电子学的进步使得个人电脑成为一种必然趋势。如果他晚出生10年，甚至只是5年，那么他会错过这个时代。他的朋友保罗·艾伦恰好在1975年1月刊的《大众电子》杂志上面，看到了一篇题为《世界首个微型计算机套件挑战商业模式》的封面文章，它讲述的是由位于阿尔伯克基的一家小型公司设计的Altair套件。盖茨和艾伦的想法是，将编程语言BASIC转化为一种可以用在Altair套件上的产品。这样，他们就会成为最先向个人计算机厂商出售此类产品的人。盖茨后来去了哈佛大学，而那里恰好有一台PDP–10计算机，他刚好可以用来完善和测试他的想法。哇，盖茨真的很幸运，不是吗？

是的，盖茨是幸运的，但运气并不是盖茨成为10倍速领导者的原因。

考虑如下问题：

- 在他那个年代，盖茨是唯一一个在美国中上阶层家庭中长大的人吗？
- 在20世纪50年代中期出生的人中，盖茨是唯一一个在拥有计算机的中学里读书的人吗？
- 在20世纪70年代中期，盖茨是唯一一个在拥有计算机资源的大学里读书的人吗？
- 盖茨是唯一一个读过《大众电子》杂志上面那篇文章的人吗？
- 盖茨是唯一一个懂得如何用BASIC语言编程的人吗？

不是。

湖滨学校或许是那个年代最先拥有可供学生使用的计算机的学校之一，但它并不是唯一的一个。1975年时的盖茨或许是顶级大学里的数学和计算机方面的人才，但在哈佛大学、斯坦福大学、普林斯顿大学、耶鲁大学、麻省理工学院、加州理工学院、卡内基–梅隆大学、加州大学伯克利分校、加州大学洛杉矶分校、佐治亚理工学院、康奈尔大学、达特茅斯学院、南加州大学、哥伦比亚大学、西北大学、宾夕法尼亚大学、密歇根大学，以及其他任何拥有同样配置的或更好的计算机资源的顶级大学，他并不是唯一的数学和计算机方面的人才。盖茨并不是唯一一位懂得用BASIC语言编程的人。这种语言是由达特茅斯学院的教授在 10 年前开发的，而到 1975 年时，它早已为人们熟知，并已被用于学术和产业中。再想一想那些就读电子工程和计算机科学的硕士研究生和博士研究生，在《大众电子》杂志刊登那篇文章的时候，他们掌握的计算机技能甚至超过盖茨。他们中的任何人都有可能决定放弃他们的学业，成立一家个人电脑软件公司。当然，那些行业内和学术界的计算机专家也可能成立类似的公司。

但他们中有多少人改变了自己的生活规律（将睡眠时间减少到近乎为零，而且总是以最快的时间就餐，以免因吃饭耽搁了工作），并全身心地致力于为 Altair 编写 BASIC 程序？他们中有多少人会违背父母的意志，选择辍学并搬到新墨西哥州的阿尔伯克基，以便与 Altair 协同工作？他们中有多少人愿意为 Altair 编程、测试并提供应用产品？在那个时候，成千上万的人可以做盖茨所做的事情，但他们都没有去做。

比尔·盖茨与其他具有类似优势的人之间的这种差别并不是靠运气。是的，盖茨很幸运地出生在了一个合适的时间，但其他很多人也都有这种运气。是的，盖茨很幸运地在 1975 年就获得学习编程的机会，但其他很多人也有着同样的运气。盖茨更善于利用他的运气，在各种幸运的环境中使其回报最大化。而这正是盖茨和其他人之间的一个重要区别。

在最开始对运气进行分析时，我们的一些同事和助手说：“如果你无法改变运气（正如概念所界定的，运气并不在你的控制范围之内），那么你为什么要花时间来思考和研究这个问题？”毋庸置疑，不论我们喜欢与否，运气（无论是好运气还是坏运气）都会发生在我们每一个人身上。但当我们把目光放在10倍速领导者身上时，我们发现像盖茨这样的人是可以发现和抓住运气的；与其他人相比，他们更能抓住运气事件，更能有效地利用运气事件。在关键时刻，10倍速领导者有能力抓住运气并获得高回报，而正是这种具有巨大乘数效应的能力让他们脱颖而出。在一个运气事件发生时，他们会将镜头拉远，考虑是否该让这个事件打乱他们的计划。想象一下，如果比尔·盖茨在看完《大众电子》杂志上面的那篇文章后对保罗·艾伦说“嗯，保罗，我现在的精力主要放在哈佛的学业上。让我们等几年的时间，等我准备好了再去做”，那么结果会怎样？

看一下图7–1，它显示了我们在本章中的一个组织框架。任何人都有运气，无论是好运气还是坏运气，但10倍速领导者善于利用他们得到的运气。比尔·盖茨的故事显示的是右上象限，即获得了好运气的高回报。

在运气这个问题上，存在两种极端的观点。第一种观点认为运气是异常成功的主要原因，获得巨大成功的人只不过是一系列幸运事件的受益者。毕竟，如果将100万只猴子关在一个房间里，然后让它们投掷硬币，仅靠随机性，有的猴子也可以连续50次掷出正面。按照这种观点，像盖茨这样的人都是幸运之人，他们只不过是在投掷硬币时恰好连续掷出了50个正面而已。第二种极端观点认为运气毫无作用，我们的成功和生存完全源于技能、准备工作、勤奋、坚韧。持这种观点的人拒不承认运气的作用："在我的成功中，运气没有发挥任何作用。我真的是非常优秀。"

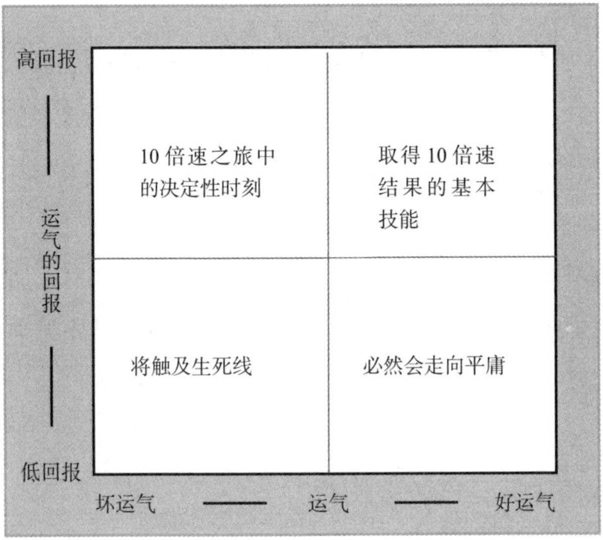

图 7–1　不要混淆运气和运气的回报

我们的研究并不支持这两种极端观点中的任何一种。一方面，我们不否认运气存在，不否认有的人生命起点比其他人更幸运；另一方面，运气本身并不能解释为什么有的人能够打造卓越的公司，而有的人不能。我们的分析单位并不是一个单一事件，也不是一个短暂的时刻；我们考察的是至少在连续 15 年内实现非凡业绩的卓越公司和打造这些公司的领导者。从我们所开展的研究以及所取得的研究成果来看——无论是本书还是先前与卓越公司相关的其他作品（这涉及对 75 家大型公司的历史调查），我们并未发现仅靠运气就能实现持续发展的案例。同样，我们也没有发现在成功路上从未遇到运气事件的公司。这两种极端观点——全凭运气或与运气毫无关联——都缺乏相应的证据支持。与所得数据更匹配的是一个综合性概念——运气的回报。

我们要想获得运气的高回报，就要全身心地把自己投入运气事件中，改变自己的计划，并一直坚持下去。比尔·盖茨靠的并不仅是运气。他一直不断地努力，不断地前行，20余年如一日地坚持"日行20英里"原则；先发射子弹，后发射已校准的重磅炮弹；发挥具建设性的焦虑以避免触及生死线；制定并完善SMaC方法；聘请最优秀的人才；建立一种有严明纪律的文化；从不偏离工作重点。这并不是运气，这是运气的回报。

浪费运气：好运气，低回报

当我们把目光转向对比组案例公司时，我们看到了很多好运气事件，但这些好运气事件的回报却普遍较低。有的对比组案例公司遇到了一系列的好运气，却眼睁睁地看着它们一一溜走。

20世纪90年代中期，长期处于落后位置的美国超微半导体公司遇到了一系列好运气事件。首先，联邦陪审团实际上已经裁定该公司可以克隆英特尔的微处理器。对于超微半导体公司而言，这是一场巨大的胜利，它可以利用持续高昂的客户情绪来对抗英特尔。计算机制造商迫切希望能够有一个微处理器芯片的替代资源，它们不愿意再迁就强大的英特尔。超微半导体公司推出了K5芯片，与英特尔的奔腾芯片展开正面竞争，而客户也开始与超微半导体公司签订供货合同。然后，当超微半导体公司不断积聚力量、持续创下销量纪录并逐步抢占英特尔市场时，一个巨大的好运气又不期而至：由于硬件故障导致特定运算下出现舍入误差，IBM 停止发售使用英特尔奔腾芯片的电脑。英特尔最终宣布了一项 4.75 亿美元的收益减记，以此为客户替换奔腾芯片。而一切都发生在基于对芯片的巨大需求而出现的科技繁荣时期。

超微半导体公司是如何对待这些好运气的？

“超微半导体公司在它的主帆上划了一道口子，所以我们无法借助风力。”桑德斯在 1995 年的年报中写道，“主帆上的这道口子就是我们的懒散和拖拉，致使我们没有在预期时间内将第五代 AMD–K5 微处理器推向市场。”K5 项目较原定计划延迟了数月，而这时客户又开始回归英特尔了，结果导致超微半导体公司的微处理器销量大跌 60%。当超微半导体解决了 K5 的问题时，英特尔已经转向了下一代微处理器。超微半导体公司再一次在竞争中落败。

尽管面临这样或那样的问题，但之后超微半导体公司还是得到了两个幸运的机会。第一次机会是一家名为 NexGen 的小型科技公司开发了英特尔下一代微处理器的仿制品，而当时这家公司恰好处于资金匮乏的状态，所以不得不寻求一个友善的买家。对于超微半导体公司来说，这是一个良机。超微半导体收购了 NexGen，并再次回到与英特尔的竞争游戏中。事实上，在运行 Windows 系统时，相比于英特尔的 Pentium Pro 微处理器，超微半导体的 AMD–K6 运行速度更快，而且价格也更便宜。第二次机会出现在整个行业突然出现了有利于超微半导体公司的新变化：价格低于 1 000 美元的个人电脑成为增长速度最快的细分市场，而超微半导体公司的 K6 微处理器恰好适合这种转变趋势。超微半导体公司再次面临最佳的发展条件。客户希望降低对英特尔的依赖度，而市场也朝着廉价电脑的方向发展，这对超微半导体公司来说都是有利条件。这是历史上最伟大的科技繁荣时期之一，而 K6 微处理器作为一款理想产品出现在了合适的时间。

但超微半导体公司在执行上却出了问题，无法提供足够多的芯片以满足市场需求。客户们都支持超微半导体公司——它们真的希望有一个相对于英特尔而言的可行的代替者，但由于超微半导体公司的生产能力问题，它们无法获得足够多的 K6 微处理器。于是，它们开始回归英特尔。尽管在近乎最好的时间遇到了最好的机会，但自 1995 年到 2002 年年底，超微半导体公司的股价还是落后一般股票市场 70% 以上。

超微半导体公司的故事展现了各自分析期内对比组案例公司的一个共同模式，即对好运气的浪费。在好运气到来时，它们却不知道该如何充分利用这种运气。它们的失败并不是因为缺乏好运气，而是因为缺乏一流的执行力。

1980 年，IBM 为其当时正在开发的个人电脑寻求一个操作系统。现在我们已经知道，这是微软历史上的一个转折点，但在 IBM 最初寻找这样一个系统时，没有人会想到现今这样的结果。当时的微软并没有操作系统产品，它甚至都没有进军操作系统业务领域的计划。当时最明显的有力竞争者，也是最应该在个人电脑业务领域打造主导标准的公司，是位于加利福尼亚帕西菲克格罗夫的数位研究公司（Digital Research）。数位研究公司原本可以成为我们研究中的一个候选的对比组案例公司，但该公司并非上市公司，所以被排除在外。然而，这个公司的故事也值得我们分享，因为它进一步凸显了这样一个问题：在时机到来时，你是要抓住它，还是让它白白地溜走？

数位研究公司已经开发出了 CP/M 操作系统，这是为个人电脑打造的一款领先的非苹果操作系统，而 IBM 公司的高管也就合作事宜专门前往数位研究公司进行商谈。数位研究公司的首席执行官加里·基尔代尔在湾区有一个预先安排的商务会议，他乘坐自己的私人飞机飞往旧金山，并将与 IBM 公司举行的会议的前半部分交给他的同事负责。在基尔代尔下午返回公司时，会议已经出现消极情绪。IBM 高管在当天晚些时候离开了数位研究公司，之后基尔代尔也选择了去度假。对这次谈判破裂的准确原因，各种说法不一，但结果是 IBM 在此次受挫后将目光转向了微软。微软看到了这个时机，并制订了严格的日程计划，全力以赴地为 IBM 个人电脑提供一款操作系统。对 IBM 高管的此次拜访，数位研究公司可以说是在一个合适的时间、一个合适的地点获得了一次绝佳的机会，但它并没有获得运气的巨大回报。获得运气的巨大回报的是微软。

10 倍速领导者的光辉：坏运气，高回报

1988 年 11 月 8 日，彼得·刘易斯收到了一个足以震惊整个保险业的消息。加利福尼亚州投票通过了“103 号提案”——一项针对车辆保险提出的惩罚性提案，要求提供这类产品的保险公司将此类保险价格下调 20%，并将下调金额返还给客户。这项提案通过使得世界上最大的汽车保险市场陷入混乱。前进保险公司面临巨大风险，因为它有近 1/4 的业务都在这个州。这项仅以 1% 的优势（赞成票过半数即可，此次投票的赞成票占 51%）险过的提案让公司遭受重创。

在进行了全面思考之后，刘易斯提出了一个问题：“究竟发生了什么事？”他给早年自己在普林斯顿大学的同学拉尔夫·纳德打了一个电话。纳德长期致力于维护消费者权益，曾领导过一个别名为“纳德突击队”的特别行动小组，同时也是“103 号提案”的坚定捍卫者。刘易斯获得的信息是：人们讨厌你。人们讨厌同保险公司打交道，所以他们奋起反抗，用选票说话。“人们说，‘我们讨厌你们这些家伙，我们会杀了你们，你们根本不值得同情。’”刘易斯说。基于他所了解到的这些情况，刘易斯把公司的人召集到一起，然后告诉每一个人，“他们确实很讨厌我们”，并要求他的团队打造一家更好的公司。

刘易斯将“103 号提案”视为一个契机，并利用这个契机进一步强化公司的核心目标，减少因汽车事故而造成的经济损失和创伤。随后，前进保险公司推出了“快速响应”理赔服务。不管你在

什么时候遭遇汽车事故，前进保险公司都会全天候——一天 24 小时、一周 7 天、一年 365 天——提供帮助。理赔员会搭乘公司的面包车或 SUV（运动型多用途车）前往投保人家中或直接赶往事故现场。1995 年，有 80% 的汽车事故都在 24 小时内得到了处理。1987 年，也就是“103 号提案”通过的前一年，前进保险公司在美国私家车保险市场中排第 13 名；到 2002 年，它的排名已经上升到了第 4 名。彼得 · 刘易斯在多年后将“103 号提案”称为“公司有史以来所遇到的最好的事情”。

前进保险公司和彼得 · 刘易斯向我们展示了在遭遇挫折和不幸时，10 倍速公司及其领导者将坏运气转变为高回报的能力。10 倍速领导者利用困难作为深化目标、重拾价值、强化纪律、增强创造力和提升具建设性的焦虑的催化剂。卓越的标记是对困境的承受和应对能力，并非运气。

在进行这项研究时，我们读过一个关于加拿大出生的冰球运动员的分析资料，学术研究人员找出了运动员出生日期与冰球战绩之间的关联关系，认为下半年出生的运动员的成绩要逊于上半年出生的运动员的成绩。在体型和速度方面，10 岁零 9 个月的孩子与 10 岁的孩子之间存在很大差别。所以，对于一个以 1 月 1 日为截止日期的年龄组来说，在体能上，年初出生的孩子要优于年尾出生的孩子，而这也是他们能够更早地获得成功的原因，也是更能引起教练注意的原因。作者马尔科姆 · 格拉德威尔公布了他的发现并推而广之，指出这种情况在美国国家冰球联盟中也是存在的，从联盟球员的出生日期来看，上半年出生的球员与下半年出生的球员之间的比例为 7∶3。

但仔细考察这些数据之后，我们得出的却是一个截然相反的结论。对于真正伟大的冰球运动员——10 倍速式的运动员及少数进入冰球名人堂的运动员——来说，格拉德威尔的模式并不适用。（相比于仅进入美国国家冰球联盟的运动员来说，那些进入名人堂的运动员更是一个精英群体。目前，每年入选名人堂的运动员不超过 4 人，而这种入选是以运动员的整个职业生涯为考量的。）事实上，在入选名人堂的加拿大运动员中，有一半是在下半年出生的。现在，考虑一下，在美国国家冰球联盟中，如果下半年出生的运动员的比例远低于上半年出生的运动员的比例（假设其成立），而在名人堂中却有一半的运动员出生在下半年，那么这会让我们得到一个非常有趣的倒置关系：在美国国家冰球联盟中，那些"不幸"出生在下半年的运动员比那些"有幸"出生在上半年的运动员更有可能进入名人堂！

以 12 月出生的雷·波克为例。波克出生在一个贫困家庭，成长在一个工人阶级社区，住的是一个带双层床的公寓。年少的他，即使得到一双溜冰鞋也会兴奋不已。波克片刻不离冰球，片刻不离溜冰鞋，并在公寓楼的地下室里搭建了一个临时的溜冰场。他进行了成千上万次的击球练习，以至球都把水泥墙打出了裂缝，从而导致墙体渗水，而他的父亲不得不用填缝料来修补。波克展现出了一种惊人的耐力。在波克通往名人堂的整个职业生涯中，他在大多数比赛的出场时间都超过 30 分钟，有时候他的出场时间还会是其队友的

1 倍，而这与他那种自我施加的、持久的体能训练是分不开的。他连续参加了 19 次美国国家冰球联盟全明星比赛，在退役时，他是美国国家冰球联盟历史上进球最多的防守球员。波克天生就有一个强健的身体，而他早在少年时期就已经掌握了一流的技能。在美国国家冰球联盟中，大多数运动员都有强健的体魄，大多数运动员在少年时期就表现出了杰出的能力。然而，纵观运动员整个职业生涯，像雷·波克这样卓越的运动员少之又少。“要想进球，你就要克服各种障碍和挑战。”波克说，“在前行的道路上，你既不要为自己找借口，也不要怨天尤人。”波克的职业生涯有运气（好运气和坏运气）存在，但波克能够成为冰球历史上最伟大的球员之一靠的却不是运气。

现在，你或许会想：“波克是一个例外。”

是的，我们所说的重点就是要成为例外。

正如尼采的一句名言：凡是不能置我于死地的，都会让我变得更加强大。我们每个人都会遇到坏运气。问题的关键是如何利用坏运气让我们变得更加强大，如何让它成为“有史以来我们遇到的最好的事情之一”，而不是让它成为一座精神监狱。而这正是 10 倍速领导者所做的事情。

坏运气，低回报：这会让你坠入深渊

西南航空公司首任首席执行官拉玛尔·缪斯在其著作《西南航道》里描述道，我们在公司成立之初遇到过一个非凡时刻。“在西南航空公司成立后的首个周日的早上，我们侥幸避过了一场灾难……

在起飞滑跑时，飞机右侧反推装置发生故障。多亏机长在第一时间做出反应，靠着一台发动机实现了紧急迫降。”他在书中写道。先不谈论飞行员的英雄壮举。如果机长手忙脚乱，未能实现安全迫降，那结果会怎么样？如果在公司成立的第一周就出现了波音 737 的坠机事故，那结果会怎么样？如果当时出现事故，那么还会有今天的西南航空公司吗？

真正可以确定的运气形式只有一种，那就是终止游戏的运气。如果西南航空公司错失了在一座新城市开通航线或在一个新机场运营的机会，那么它仍有机会成为一家卓越的公司。但如果在运营的第一周内就发生了坠机事故，那么它可能永远都失去了成为一家卓越公司的机会。回想一下尼采名言的前半部分：凡是不能置我于死地的……

好运气和坏运气之间存在一个颇为有趣的不对称性。仅凭着一个好运气（无论这个运气有多好）并不能成就一家卓越公司。但一个会把你推向生死线的极端的坏运气，或一系列会导致灾难性后果的坏运气事件，都可能会终止你对卓越公司的追求。

20 世纪 70 年代末至 80 年代初，太平洋西南航空公司和西南航空公司都遭遇了一系列类似的坏运气事件：石油危机导致喷气燃料价格飙升，空管罢工，严重的经济衰退和螺旋式的通货膨胀（这对航空业的冲击尤其严重），利率高涨导致飞机租赁成本大增，首席执行官被突然更换。正如太平洋西南航空公司总裁保罗·巴克利在1982年时所指出的："这还不到两年时间……但我们觉得都已经过了10年。"从1979年到1985年，太平洋西南航空公司陷入了一个自我毁灭的厄运循环：致力于提高票价而不是降低成本；裁员和严重的劳工纠纷破坏了公司的文化；大举债务使得资产负债表更加脆弱；首席执行官放弃了公司的SMaC方法，收益出现不确定性。太平洋西南航空公司遭遇的坏运气给它带来了低回报，进而使其长期落后于西南航空公司。

如果我们所掷的硬币既有正面（好运气）也有反面（坏运气），而且从长期来看，正反两面出现的概率将会趋于平衡，那么我们需要掌握技能，需要变得强大，需要做好准备，需要有承受困难的能力，并以此来应对坏运气，以最终迎来好运气。从山崖上直坠200英尺的马尔科姆·戴利可以说足够幸运，但要想安全地度过最危险的44个小时，也有一个前提条件，即他要有一个强健的体魄，要掌握生存技能，而且要具备应对困难的能力。西南航空公司的飞行员也需要提前掌握技能并做好充分准备，唯其如此，他才能够在反推装置失控时做到临危不惧并安全迫降。在20世纪80年代初的坏运气事件发生之前，西南航空公司就已经有了一个强大的精神力量，而且已经具备应对困难的能力，若非如此，它是无法渡过这次厄运的。

正如我们在第五章中所讨论的，10倍速领导者通过具建设性的焦虑、基于实证主义的创造性和严明的纪律，创造了巨大的安全边际。如果你参与博弈的时间足够长，那么好运气自然会降临。但如果你被淘汰了，那么你将永远不会再获得幸运的机会。运气总是垂青那些坚持不懈的人，但首先你要生存下来。

在10倍速公司巴奥米特发展初期，戴恩·米勒就抓住了这一思想的精髓。在1977年到1982年这一起步阶段，他全力打造缓冲地带以应对公司可能遭遇的各种问题。米勒和其他三名同事辞去了他们之前的工作，将个人积蓄投入公司中。他们把办公地点设在一个非常简陋的建筑物内，它实际上是一个改建的仓库，而且墙上还有一个洞，紧挨着用于存放库存产品的活动房。他们每天工作12个小时到16个小时（包括周末），从不间断。为节省电费，他们在夏天尽量不开空调，满头大汗地在折叠桌上工作。为节省差旅成本，米勒和一名同事夜宿基督教长老会的电机室，以至洗澡时都不得不用冷水。一次，米勒发现公司总部后面有一块儿空场地，于是他就想：为什么不养奶牛，让它们来吃这里的草呢？如果公司现金枯竭，他们还可以靠着这些奶牛渡过难关。于是，他们购买了三头奶牛，而这也使得巴奥米特成为医疗设备行业内最先采取奶牛场对冲策略的公司。

巴奥米特经历了超过5年的艰难发展时期：测试一系列产品的可能性，养殖奶牛，冷水淋浴，等等。之后，它才获得大量的外部投资。虽然他们曾被风险投资者拒绝，但公司生存下来了；虽然分包制造商未能按时交付巴奥米特所需的产品，但公司生存下来了；

虽然他们被知名分销商拒绝，但公司生存下来了。公司坚持了足够长的时间，并最终凭借移植产品获得了发展动力，取得了 11 倍于行业指数的骄人业绩。

运气不能成为一种策略

生命中并不存在确定性，但我们可以有管理各种事情乃至管理运气的策略。就“管理运气”而言，其精髓涉及四个方面：第一，培养总揽全局的能力，确定运气到来的时间；第二，培养正确的判断能力，要知道何时该让运气改变自己的计划，何时不该让运气改变自己的计划；第三，做好充分的准备，以应对各种无可避免的坏运气的袭击；第四，在运气——无论是好运气还是坏运气——到来时，创造积极的运气回报。运气并不是一种策略，如何获得积极的运气回报是一种策略。

那么，你如何才能够获得最高的运气回报？现在，你已经读过本书前面的章节了。记住我们本项研究的前提：生活中存在不确定性，且充满各种我们无法预测也无法控制的巨大力量。运气存在不确定性，是无法控制的，而且具有重大意义。实际上，我们可以围绕运气展开全面研究，以确定如何获得更高的运气回报。

现在，让我们进行评估。

10 倍速领导者的行为：具备严明的纪律、基于实证主义的创造性、具建设性的焦虑和第 5 级雄心的领导者，从来都不会错失任何一个好运气。他们也从来不会因坏运气而陷入绝望。他们一路前行，不断推进总体目标的实现和事业的发展。

“日行 20 英里”：当 10 倍速领导者遇到好运气时，他们会抓住它并依赖它，其所依赖的时间并非几天或几个星期，而是长达几年乃至数十年。10 倍速领导者会打造一种在任何环境下——无论运气好坏——都能取得成效的文化，并坚信最终的成功并不是建立在运气之上的。

先发射子弹，后发射炮弹：虽然 10 倍速领导者并不“制造”运气，但他们会通过发射大量子弹的方式来测试一件事情是否可行。在创造性和实证验证的基础上，10 倍速领导者会发射不依赖运气即可取得最终成功的重磅炮弹。未校准的炮弹需要运气才能够取得成功，而校准的炮弹无须运气即可取得成功。

超越生死线：通过储备大量额外的氧气袋（打造巨大的缓冲地带和安全边际），10 倍速领导者在应对运气方面有了更多的选择。通过管理三种类型的风险——生死线风险、非对称风险和不可控风险，他们降低了在遭遇坏运气时发生灾难性后果的可能性。先将镜头拉远后将镜头拉近的观察能力，有助于他们识别运气，并考虑是否因此而改变自己的计划。

SMaC：SMaC 方法可以让你少犯错误，尤其是那些可放大坏运气事件的错误。此外，在好运气到来时，它们也可以让你获得更好的结果。明确的 SMaC 方法有助于你决定是否让一个坏运气事件改变你的计划，以及如何改变你的计划。

本书中所有的概念都会让你获得一个好的运气回报。10 倍速领导者认识到，我们都处于同一个运气之海中。他们知道我们无法制造、控制或预测运气。但通过这种 10 倍速式的表现和领导方式，他们最大限度地利用了他们所遇到的运气。俗话说，“干得好不如运气好”，这或许是对的——对于那些只追求干得好的人来说，这句话没错，因为他们只要求比其他人干得好一点儿，而不是比其他人干得更出色。但我们的研究却让我们得出了一个截然相反的结论：对于那些有远大志向的人来说，运气好远不如干得好。

就我们所研究的最优秀的领导者而言，他们与运气保持着一种悖论关系。一方面，在回顾他们所取得的成就时，他们会谈及好运气在其中所扮演的角色，尽管其他人也都有同样的好运气。另一方面，他们不会把自己的失败归咎于坏运气，如果无法将运气转化为重大成就，那么他们只会在自己身上找原因。10 倍速领导者深知，如果他们将失败归咎于坏运气，就是向命运投降。同样，他们也深知，如果他们忽略了好运气的帮扶作用，那么他们可能就会高估自己的能力，而且会在好运气耗尽时陷入危险境地。在接下来的征程中，或许还会有更多的好运气，但 10 倍速领导者从来都不指望它们。

小　结

关键点

- 按照我们的定义，运气事件需要满足以下三个条件：第一，事件的重要方面与关键角色的行动基本没有关系或完全没有关系；第二，事件具有潜在的重大后果（好的或坏的）；第三，事件具有不可预测的要素。

- 无论是好运气还是坏运气，它们出现的次数都很多。在我们选取的分析期内，我们研究的每一家公司都经历了大量运气事件。然而，总体而言，10 倍速公司并不比对比组案例公司更幸运。
  - 10 倍速公司所遇到的好运气并不多于对比组案例公司。
  - 10 倍速公司所遇到的坏运气并不少于对比组案例公司。
  - 10 倍速公司遇到好运气的时间并不早于对比组案例公司。
  - 10 倍速公司的成功并非因为单一巨大的运气事件。
- 在运气这个问题上，存在两种极端观点。第一种极端观点认为，运气是 10 倍速式成功的主要原因。第二种极端观点认为，运气在 10 倍速式成功中毫无作用。我们获得的研究证据不支持这两种极端观点中的任何一种。至关重要的问题不是"你幸运吗"，而是"你是否得到了运气的高回报"。
- 运气回报存在以下 4 种情形：
  - 好运气，高回报。
  - 好运气，低回报。
  - 坏运气，高回报。
  - 坏运气，负面回报。
- 我们发现好运气和坏运气之间存在一种非对称性。仅仅靠一个好运气事件——无论运气有多么好——并不能成就一家卓越的公司。但一个极糟糕的坏运气或一连串的坏运气事件，却会导致灾难性后果，并会终止你对卓越公司的追求。真正具有确定影响的运气形式只有一种，那就是终止游戏的运气。10 倍速领导者假定他们将会遭遇很多坏运气，并提前为此做好了准备。

- 本书中所谈及的领导概念——严明的纪律，基于实证主义的创造性，具建设性的焦虑，第 5 级雄心，先发射子弹、后发射炮弹，超越生死线，SMaC 方法——都直接有助于你获得巨大的运气回报。
- 10 倍速领导者将好运气视为他们取得成功的促成因素（尽管其他人也都有好运气），并且从不将自己遭遇的挫折或失败归咎于坏运气。

意外发现

- 一些对比组案例公司有着极好的运气，甚至好过 10 倍速公司，但最终它们却失败了，原因在于它们浪费了这些好运气。
- 10 倍速公司遇到了很多坏运气，但最终却获得了巨大的运气回报。这就是 10 倍速公司的闪光之处，而这也刚好印证了尼采的那句名言：凡是不能置我于死地的，都会让我变得更加强大。
- 运气回报率（ROL）可能是一个比资产回报率（ROA）、股本回报率（ROE）、销售回报率（ROS）或投资回报率（ROI）更重要的概念。
- “人的运气”，即找到合适的导师、合适的合作伙伴、合适的团队成员、合适的领导者及合适的朋友的运气，是最重要的运气类型之一。寻找好运气的最佳方式就是与伟人同行，并与那些为了彼此甘冒生命危险的人建立深厚的、长久的关系。

关键问题

- 在过去的 10 年里，你经历过哪些重要的运气事件？你有没有获得过很好的运气回报？原因是什么？你怎样才能提高你的运气回报？

附加问题

- 谁是可以给你带来最好运气的人？

后　记

一个人要同时具备两种能力：一是有能力看到令人无望的事情，
二是有能力将这种无望转变为希望。
——F. 斯科特 · 菲茨杰拉德

我们感觉到一种危险的弊病正在影响现代文化，并侵蚀着我们的希望：一种观点越来越盛行，将卓越更多地归功于境遇乃至运气，而非行动和纪律。也就是说，我们所遇到的事情远比我们所做的事情更重要。在概率游戏中，比如彩票或轮盘赌，这种观点似乎是可信的。但若将此作为一种人生哲学，并应用到更广泛的人类活动中，它的说服力就会大打折扣，我们很难想象要用这样的观点去教育年轻人。事实上，我们真的认为我们的行动无足轻重吗？我们真的认为伟大的成功者靠的仅仅是运气吗？我们真的认为是我们的境遇限制了我们吗？我们想要建立的是一个鼓励我们无须对我们的选择和表现负责的社会和文化吗?

我们的研究证据完全不支持这种观点。本项研究的一个前提是，我们面临的大多数事情都是我们无力控制的，生活中存在不确定性，而未来则充满未知。正如我们在第七章中所讲的，运气——无论是好运气还是坏运气——在我们每一个人身上都会发挥作用。但如果一家公司走上了卓越之路，而另一家面临相似环境且有着类似运气的公司未能取得成功，那么其根本原因就不能简单地归咎于环境或运气了。我们研究的公司的历史合计超过 6 000 年，我们运用的是对比研究法，即对相同环境下的优秀公司和卓越公司进行比较。如果说我们的研究得出了什么重要启示的话，那就是从根本上讲，卓越的实现并不在于环境，而首先在于明智的选择和纪律。一家公司（即使它面临的是一个混乱的、充满不确定性的世界）能否真正走上卓越之路，起决定性作用的主要还是人。公司遇到了什么并不重要，重要的是它们创造了什么、做了什么，以及做得如何。

本书以及之前出版的三本书（《基业长青》、《从优秀到卓越》和《再造卓越》）都对这样一个问题进行了考察，即如何打造一家持久的卓越组织。在开展 10 倍速研究的同时，我们也对先前研究中的概念进行了测试，以确定这些书中的关键概念是否也适用于一个极不确定的、混乱的环境。所幸它们都经受住了考验。我们有理由相信，运用这 4 本书中的概念，将大大提升打造一家卓越公司的概率。

但运用这些概念就一定能确保成功吗？不，不能。一项好的研究可以加深理解，但从来都不会提供最终的答案。我们总有学不完的东西，而生命中也不存在确定性。无论你做出了多么大的努力，终止游戏的重大事件和持续不断的巨大力量——疾病、事故、脑损伤、地震、海啸、金融灾难、内战，以及其他成百上千种可能发生的事件——都会让你功亏一篑。但即使如此，我们也要采取行动。

在我们感到恐惧的时候，在我们已经筋疲力尽的时候，或者在我们受到诱惑的时候，我们会做出什么样的选择？我们会放弃我们的价值吗？我们会屈服吗？我们会接受大多数人都能够接受的平均业绩吗？在面对残酷的现实时，我们会放弃我们的梦想吗？就我们所研究的卓越领导者而言，他们像重视胜利一样重视价值，像重视利润一样重视目标，像重视成功一样重视效力。他们的驱动力和标准都是内在的，都是发自内心深处的。

我们没有被我们所处的环境束缚。我们没有被我们的运气或生命中与生俱来的不公平束缚。我们没有被我们所处的时代束缚。我们没有被一天中有限的时间乃至短暂的一生束缚。在我们的生命中，我们能控制的少之又少。但即使如此，我们也有选择的自由，我们也有选择卓越的自由。

附录·答疑篇

问：就先前三本书（《从优秀到卓越》《基业长青》和《再造卓越》）中的概念来说，有没有被此次研究推翻的？

答：没有。在进行10倍速研究时，我们系统地考察了10倍速公司（及其对比组案例公司）与之前书中概念的关系。证据表明，10倍速公司比对比组案例公司更能例证之前书中的概念。

问：第5级经理人在多大程度上展现了10倍速领导者的行为？

答：就《从优秀到卓越》中的第5级经理人而言，他们身上也体现出了严明的纪律、基于实证主义的创造性和第5级雄心，这与10倍速领导者颇为相似。但在具建设性的焦虑方面，带领公司实现从优秀到卓越的跨越的领导者并不及本项研究中的10倍速领导者。在我们看来，这是因为他们所处运营环境的严酷程度要低。回想一下我们在第一章中所做的类比，你在一个春光明媚的日子里参加了一次休闲式的草地远足，而与你同行的人中有一位真正伟大的登山探险领队。在这种情况下，你不会发现他与其他人之间的区别。相比于10倍速领导者，《从优秀到卓越》中的第5级经理人是在一个更安全的环境中运营的。此外，从优秀到卓越的领导者接管的通常都是成立已久的优秀公司（往往也都是大公司），而此次研究中的10倍速领导者都是从创业者或小企业领导者开始起步的，所以在环境面前，他们面临着更大的风险，而且也更容易受到冲击。如果《从优秀到卓越》中的第5级经理人也在10倍速领导者所面临的不确定的、混乱的环境下领导过小企业，那么我们觉得他们也会展现出更多的具建设性的焦虑。最后，我们需要指出的是，《从优秀到卓越》可能将重点更多地放在了第5级经理人的谦逊的个性方面（第5级经理人是谦逊的个性和坚定的意志的结合体，虽然这是两个自相矛盾的特征），而此项研究更多地关注领导者的意志方面。当然，要想成为一个真正的第5级经理人，则既要展现人性，又要彰显意志，两者不可偏废其一。

问：在一个充满不确定性的混乱环境中，“先人后事”这一原则（即先让合适的人上车，让不合适的人下车，并为合适的人安排关键位置；然后，确定车的行驶方向）在领导者管理公司时扮演了什么样的角色？

答：在本书中，我们并没有过多地强调“先人后事”这一概念，因为在《从优秀到卓越》中，我们已经进行了详细的叙述。但不要弄错：在寻找合适的人并为合适的人安排合适的岗位方面，10倍速领导者也表现得非常严格。回想一下布雷西尔斯，他在挑选珠穆朗玛峰登山队员时就提出了严格的标准，因为他深知，一支顶级团队的强大程度取决于其身体最弱的成员。2002年，《时代》杂志在一篇关于西南航空公司的报道中写道：“该航空公司在去年共收到20万份简历，但仅聘用了6 000人，从而使得它的录用率比哈佛大学的录取率还低。”前进保险公司也将选拔合适的人才作为其实现目标和击败竞争对手的第一战略支柱。它在1990年时颇为自豪地指出：“在我们解聘的员工中，有15个人成为其他保险公司的总裁。”史赛克的约翰·布朗在人才选拔上有着自己的独到之处，而且在解聘员工方面也有着严格的纪律。他遵循的理念就是，在合适的人身上加大投资，好过在不合适的人身上倾注精力。乔治·拉思曼在谈及安进早期的历史时说：“就安进而言，它所有的资产都会在晚上穿着跑鞋回到家中。”而到20世纪90年代时，安进的录用率已经达到了1∶58。英特尔的联合创始人罗伯特·诺伊斯在公司决定生产何种产品之前，就已经组建了英特尔的创始团队；英特尔早期的人才都是由他亲自招募的，而他的观点就是，合适的人在合适的文化中将创造伟大成就。对于特德·霍夫及其发明的微处理器，汤姆·沃尔夫写道：“诺伊斯用霍夫的成功作为例证表示，如果你创建了合适的企业社区或创建了合适的自治团体，那么天才就会‘开花结果’。”微软在选拔合适的人才方面也有极其严格的标准。盖茨在1992年时曾总结道：“如果带走公司中最优秀的20名人才，那么我可以告诉你，微软将成为一家无足轻重的公司。”对于每一个工作岗位，巴奥米特都有着严格的录用标准，并利用股票期权吸引和留住各个层级最优秀的人才。

所有的10倍速公司都养成了一种训练有素的企业文化。在这样一种文化中，合适的人会得到重用，而不合适的人则很快会被淘汰。10倍速研究的假设前提是世界处于持续不确定的状态，而这也提升了“先人后事”的重要性；如果你无法预测未来将会发生什么，那么你需要在车上安排合适的人，以便他们成功地应对任何可能发生的不可预见的事件。

问：SMaC 方法和《从优秀到卓越》中的刺猬理念是否存在某种关联性？

答：刺猬理念是一个简单的、明确的概念，它来自对以下三个交叉部分的深刻理解。

第一，你对什么充满热情？

第二，你能够在哪个方面成为世界上最优秀的？

第三，是什么驱动你的资源或经济引擎？

一旦从优秀到卓越的公司明确了它们的刺猬理念，它们就会通过一系列与此概念相一致的决定来积聚发展动力，这就像转动一个巨大而沉重的飞轮，并且是一直不停地转动。SMaC 方法是将高水准的刺猬理念转化为具体行动，并确保组织沿着同一方向前进的密码，因而也会积聚飞轮力量（见图附 1）。比如，西南航空公司就有一个高水准的刺猬理念：成为最出色的、士气高昂的、成本低廉的航空公司，逐步提升单架飞机的利润，致力于成为行业的标新立异者。它将这一高水准的概念转化为帕特南的 10 点要求，这一点我们在第六章中有过讨论。通过持之以恒地践行这一理念，西南航空公司在飞轮上积聚了动力，从航线到城市再到登机门，年复一年地积聚力量，最终从得克萨斯州的一家新起步的公司成长为世界上最成功的航空公司之一。

问：在制定 SMaC 方法这个问题上，你有什么指导意见吗？

答：制定 SMaC 方法的关键是直接诉诸实践并坚信实证主义，而且在可能的情况下，要做到具体且明确。你可以模糊地给出一个“飞机的高利用率”，你也可以像西南航空公司一样，制定明确的“10 分钟登机时间”或“只飞行波音 737 的飞机”。你可以概括地说“推动技术进步”，你也可以像英特尔一样，专注于更具体的任务：“每两年内将元件数量提升一倍。”你可以寻求“高效地利用摄像机”，你也可以明确地指出，“能够组装摄像机并将其放到三脚架上，能够安装胶片，能够确保连续拍摄 5 分钟”。

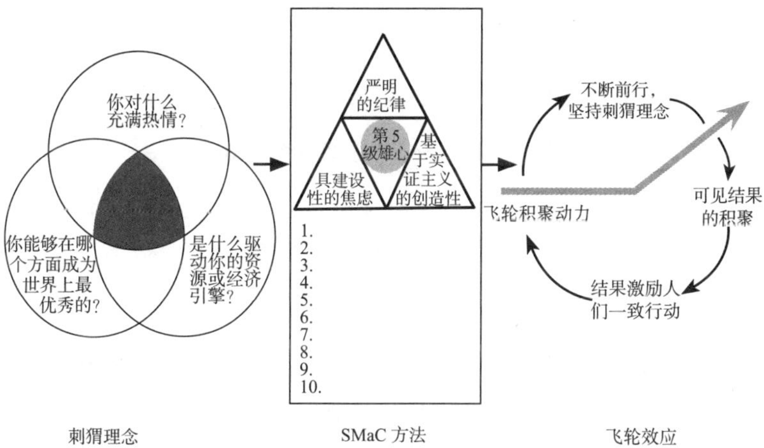

图附 1　刺猬理念、SMaC 方法和飞轮效应的关系

SMaC 方法应该反映基于实证验证的洞见，要让你知道什么是有效的，以及它为什么有效。它应该明确告诉你什么可以做，什么不可以做。它应该是持久的，所以在面对环境条件变化时，它只需要修正，而不需要彻底更改。在制定SMaC方法时，你要问这样一个问题："哪些持久且明确的实践可以最大限度地提升我们的业绩？"在公司高管参与的实验室工作会议中，我们运用了如下方法论：

（1）列出你的企业所取得的成功。

（2）列出你的企业所遭受的失望。

（3）哪些具体的实践是与成功而非失望相关联的？

（4）哪些具体的实践是与失望而非成功相关联的？

（5）哪些实践可以持续大概10年到30年的时间，并可被运用于一个更大的环境中？

（6）为什么这些具体的实践是有效的？

（7）基于上述所列条件，一个什么样的SMaC方法—包含8到12个要点，彼此相互强化并构成一个关联系统—可以最大限度地提升你的业绩？

问：如果10倍速的概念是普遍的，那么在《从优秀到卓越》这本书中，它们为什么没有清晰地显现出来？

答：我们在本书第一章中讲过，每一项研究都像是在一个黑盒子的一侧钻孔，然后让光线射入，以便了解其内部的哪些原则可以成就卓越公司。每一个孔都提供了一个不同的视角。就《从优秀到卓越》的研究而言，这本书重点关注的是如何实现从令人压抑的平庸到卓越的跨越。在选择从优秀到卓越的公司时，我们基于这样一个模式，即该公司先有15年的平庸表现，然后突然转变，又持续了15年的卓越表现；在此项研究中，我们并没有关注环境的严峻程度。相反，在本项研究中，我们是通过黑盒子上一个完全不同的孔来探求其中的原则，选择的都是在不确定的、严峻的、混乱的环境中最终成长为卓越公司的小公司或刚起步的公司。这两项研究或这两项研究的发现并不具有连贯性，而是从截然不同的视角进行分析的。就这两项研究而言，它们并不是重复的，也不是相互对立的，而是相互补充的。

问：如果我不是一个百分之百的10倍速领导者，那么打造一支具备所有10倍速行为特征的10倍速团队会不会弥补我的不足？

答：与其将关注重点放在某个人是不是10倍速领导者这个问题上，不如将重点放在团队身上，确保团队作为一个整体实践第3章至第7章中的关键概念。你要设定一个“日行20英里”的目标，并致力于这个目标的实现。先发射子弹，后发射已校准的炮弹。对于我们在“超越生死线”中所讨论的具建设性的焦虑的要素，要逐一实践。坚持公司制定的SMaC方法，并进行有选择的修正。要认真对待每一个运气事件；无论是好运气还是坏运气，你在应对过程中都要问这样一个问题：“我们怎样做才能实现运气的高回报？”如果你的团队和企业能够在这些方面都取得成功，那么一个人是不是一个真正的10倍速领导者也就不那么重要了。

问：超越生死线是不是意味着要规避大胆创新的宏伟目标？

答：就罗尔德·阿蒙森的南极探险之旅和布雷西尔斯的珠穆朗玛峰IMAX摄影之旅而言，他们所追求的都是大胆创新的宏伟目标，同我们所研究公司中的10倍速领导者是一样的。10倍速领导者的任务就是追求大胆创新的宏伟目标，同时又要超越生死线。

问："先发射子弹，后发射炮弹"的10倍速概念同《基业长青》中的"多方尝试，保留可行项目"的概念有什么区别？

答：这两个概念存在重叠之处，但在10倍速研究中，一个关键的洞见是，10倍速领导者是依据成功的子弹发射炮弹的。从本质上讲，多方尝试实际上就是发射子弹，但保留可行项目和依据发射子弹的结果而做出的大赌注是不同的，这个大赌注就是所发射的炮弹。

问：你在研究中发现，10倍速公司在创新方面并不总是超过对比组案例公司。这一发现对创新驱动型经济有什么启示？

答：我们的研究显示，若单独将创新作为获取竞争优势的"万灵丹"，是幼稚且不明智的。我们的结论是，10倍速式的成功需要将创新和高度的一致性结合起来；在建立组织时要将创造性和纪律性结合起来，以便将创新转化为持续的卓越表现。这是英特尔的故事，是西南航空公司的故事、微软的故事、安进的故事、史赛克的故事、巴奥米特的故事、前进保险公司的故事、莱文森执掌下的基因泰克的故事，也是苹果在其鼎盛时期的故事。如果一项事业——无论是一家公司还是一个国家——只保留了创造性而放弃了纪律性，只推进开拓性创新而忘记了创新的适当规模（且未能最大限度地降低创新成本），那么从我们的研究结果来看，这项事业将处于危险之中。

问：你在文中曾多次提到“和的天才”。什么是“和的天才”？它在书中是如何被应用的？

答：在进行《基业长青》的研究时，我们发现持久的卓越公司的领导者很容易接纳相互矛盾的事物，他们具备同时接受两种截然相反的观点的能力。他们不会用我们所谓的“或的暴政”（Tyranny of the OR）——人们只能做出非此即彼的选择，而不能同时兼顾——来压制他们自己。相反，最优秀的领导者会用“和的天才”把他们自己解放出来；在很多方面，他们可以同时拥抱两种极端情况。用F. 斯科特·菲茨杰拉德的话说：“检验一流智力的标准，就是当头脑中同时存在两种相反的想法的时候，你仍能保持行动能力。”在10倍速研究中，我们发现了很多有关“和的天才”的证据，比如：

- 纪律性和创造性
- 实证验证和大胆行动
- 审慎和大胆创新的宏伟目标
- 焦虑和无畏
- 野心勃勃和不以自我为中心

- 严格的绩效标准，没有任何借口和从不设定过高的目标，具备自控力
- 践行“日行20英里”原则，并做到先发射子弹，后发射炮弹
- 门槛创新和“落后一步”的策略
- 无法预测未来和为无法预测的事情做准备
- 在允许的情况下放缓增速和在必需的情况下加快增速
- 基于纪律的思考和决定性行动
- 拉远镜头和拉近镜头
- 坚持SMaC方法和改进SMaC方法
- 一致性和变化
- 不要指望运气和在运气到来时获得高的运气回报率

问：有评论人士指出，你先前在书中研究的卓越公司有的已经倒闭。对此，你有什么回应？

答：正如我们在第一章中讨论的，我们的研究选定的是公司的鼎盛时期，这是一个具体时期，好比研究历史上最伟大的体育王朝一样。有的体育王朝后来衰败了，但这并不妨碍我们对一个伟大体育王朝成长之路的整体研究。

问：这本书是否可以帮助公司规避《再造卓越》中所描述的衰落五阶段？

答：是的。事实上，在此次研究中，未能取得卓越结果的对比组案例公司（太平洋西南航空公司、萨菲科、美国外科医疗公司、

莱文森上任前的基因泰克，以及史蒂夫·乔布斯回归前的苹果）都显现出了衰落第一到第四阶段的要素特征，而有的公司则直接进入了衰落的第五阶段（见图附 2）。本书中的 10 倍速概念可以帮助你有效地避开这些阶段。践行“日行 20 英里”原则、避免发射未校准的炮弹，以及坚持 SMaC 方法有助于公司远离衰落的第二阶段。超越生死线的概念（囤积氧气袋、限制风险，以及采取先将镜头拉远后将镜头拉近的策略）可以直接让你避开衰落的第三阶段。审慎地改进 SMaC 方法（而不是被动地、彻底地改变）能够确保公司绕过衰落的第四阶段。就衰落第一阶段的危险——狂妄自大——而言，那些真正充满具建设性的焦虑的人从来都不会认为他们是战无不胜的，他们总担心潜在的厄运就躲在周围的角落里。

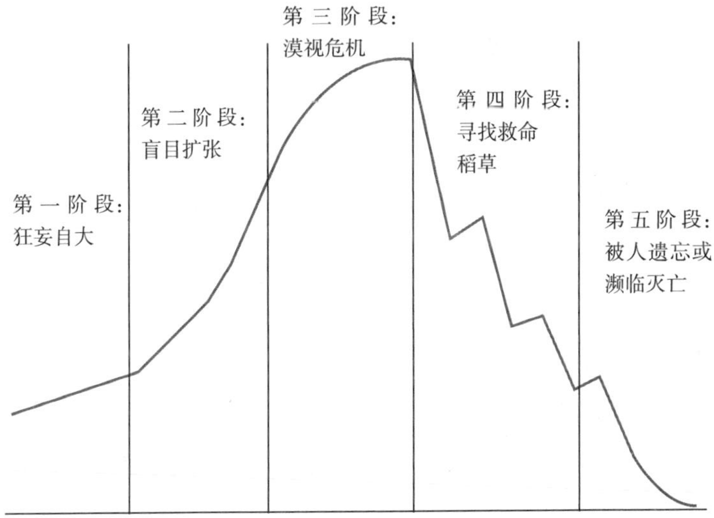

图附 2 《再造卓越》中的衰落五阶段

问：你们（吉姆和莫滕）是什么时候开始建立合作关系的？为什么你们会以一个团队的形式开展这项研究？

答：我们初次见面是在1999年的斯坦福商学院。当时主讲企业家精神和小企业运营的吉姆与其同事杰里·波勒斯教授，开始了《基业长青》的研究项目，而正在攻读博士学位的莫滕也加入了我们的研究团队。后来，在莫滕就职哈佛商学院期间，他也参与了吉姆的《从优秀到卓越》的项目，并就研究方法和研究设计提出了宝贵的意见和建议。一开始，我们就谈到了共同开展研究项目的问题；只要能发现彼此都感兴趣的问题，我们就会开展合作。而本书背后的这个问题——为什么有的公司能够在极不确定乃至混乱的环境中实现蓬勃发展，而有的则不能——已经在我们脑海里酝酿多年了，但由于其他项目的开展，这个项目一再被推迟。在“9·11”恐怖袭击事件和股市泡沫破裂之后，全球竞争日趋激烈，技术发展日新月异，而“改革”的呼声也此起彼伏，这让我们再次把目光转向先前的问题。我们两人都认为，不确定性将长期存在，混乱时代将成为常态，变化将持续加速，而不稳定性将成为我们余生所处时代的特征。

问：在你看来，这本书涉及的是“新常态”（New Normal）下的概念和蓬勃发展吗？

答：不是。这本书的假设前提是：不稳定性是长期的，不确定性是持久的，变化是不断加速的，突发性事件是常见的，而我们既无法预测也无法控制这些事件。我们认为这个世界上并不会出现一种“新常态”，而只会存在一系列持续的“非常态”时期。

历史的主导模式不是稳定性，而是不确定性和突发性。世界发达经济体在 20 世纪下半叶经历了一段稳定繁荣时期，而我们这些生活在这一时期的人，要明智地认识到这只是历史上的一个非常态时期。纵观历史，有几个时期可以让人们在一个看似安全的蚕茧内（相对和平时期）运营，且能实现长久的经济繁荣？我们这些生活在这样一种环境中的人——尤其是对于在美国生活的人来说，在整个人类历史上，我们的个人经历都不太可能再次在 21 世纪乃至未来的世界出现。

问：本项研究中所涉及的根本问题具有多大的适用性？你认为它普遍适用吗？

答：不要再去想你自己的处境或你的组织，而是考虑下面这个问题：对当前你所处的运营环境进行评级，级别分别 1 到 10。级别 1 意味着你没有面临你无法控制的巨大力量，且没有任何一种力量处于快速运动之中，你能够预测大多数将要发生的事情，你感觉一切都处于稳定和确定状态，且没有任何事情可以对你的轨迹造成重大改变（无论是好的还是坏的）。级别 10 意味着你面临你所无法控制的快速变化和无可预测的巨大力量，这会让你产生一种不确定感和不稳定感，并会对你的轨迹产生巨大影响（无论是好的还是坏的）。对于你所处的环境，你是如何评级的——稳定或不稳定，确定或不确定，可预测或不可预测，在你的控制内还是在你的控制外，更靠近级别 3 还是更靠近级别 8？

关于这个问题，我们可以同小公司的创业者、部队的将军、K12（基础教育）教师、教会领袖、会员协会、警察局局长、城市管理者、医疗保健专业人士、慈善家、首席信息官、首席财务官、首席执行官，甚至那些关心自己工作和家庭的个人进行讨论。在问及这个问题时，我们得到了一个近乎一致的答案。我们给出问题并给人们留出思考时间，然后要求他们举手表决。

在级别 5 之下的请举手？

几乎没有人举手。

级别 5 或 6 的请举手？

有少数人举手。

级别 7 或 8 的请举手？

房间中有超过一半的人举手。

级别 9 或 10 的请举手？

剩余的人全部举手。

在一个充满不确定性乃至混乱的环境中，应采取何种措施来实现蓬勃发展？我们认为，这个问题与每一个行业和每一个社会部门都息息相关。

问：在你看来，导致混乱和不确定性的原因主要是经济上的吗？

答：并非完全如此。毋庸置疑，这背后有经济驱动力的原因，比如日趋激烈的全球竞争、不断波动的资本市场和快速演变的商业模式。但很明显，不稳定性的根源并不仅仅与经济有关，还与政府加紧管制（或放宽管制）、不受约束的政府开支、不可预测的政治风险、颠覆性技术、新媒体、24 小时新闻周期的放大效应、自然灾害、恐怖主义、能源危机、气候变化以及新兴国家的政治动荡等因素有关。此外，还有我们目前尚未预见到的全新的突发事件和混乱力量。

问：在你看来，这本书是关于过去的还是关于未来的？

答：我们研究的是过去，但我们认为这本书与未来也密切相关。我们的战略是对那些在最不确定和最混乱的行业中取得卓越成就的公司进行详细分析，期望从中找到能够在这种环境下实现蓬勃发展的一般原则，以便为那些在 21 世纪应对各种不确定性和混乱事件的企业所采用。

问：我感觉我现在所处的世界相当稳定；那么，这也适用于我吗？

答：记住第五章中的教训：在很大程度上，风暴来临前的准备工作决定你在遭遇风暴时的处境。对于各种不确定性、突发性和混乱状态，若人未能提前做好准备，那么在环境从稳定转向混乱时，这些人通常都会遭受更严重的损害。

问：10 倍速概念也可以像《从优秀到卓越》中的概念一样应用于社会部门吗？

答：在开展这项研究的同时，我们也与诸多社会部门的领导者进行了交流。这些部门包括 K12 教育组织、高等教育机构、教会、非营利医院、军事部门、警察部门、美国各级政府、博物馆、管弦乐队、社会安全网组织（与饥饿和流浪者有关的）、青年计划和覆盖广泛的事业驱动型非营利组织。同商业领导者一样，他们也面临着无法控制的巨大的力量、高度的不确定性、瞬息万变的事件、危险的威胁，以及突发性机遇。我们发现这些概念都非常适合这些部门；当然，具体应用于某部门时，这还要有一个实际的适应过程。

问：在你看来，这本书主要是讲如何度过紧缩和危机时期的吗？

答：不是。这并不是一本关于危机管理的书，也不是一本关于如何在衰退，甚至经济灾难时期实现蓬勃发展的书。危机和困难时期只不过是持续不稳定性和长期不确定性（无论是好的还是坏的）这一总体状况中的特例情景。事实上，突发性机遇同突发性威胁一样危险。驾驭爆炸性增长时期的难度丝毫不亚于驾驭紧缩时期。

回想一下我们所研究的几个行业：软件、计算机、微电子、生物技术、保险和医疗器械。这些行业的增速惊人，而且充满机遇，但它们同样面临一种充满不确定性的混乱环境。以计算机软件为例，1983 年，《产业周刊》刊发了一篇文章《软件业掀起淘金热》，并列举了 16 家最大的个人计算机软件公司。所有这 16 家公司都可以说是即将起飞的“火箭头”。到 21 世纪初时，这个新兴产业所售出的个人电脑已经超过 10 亿台。然而，在前行的道路上，早期的领先公司大都失去了独立地位，有些甚至直接倒闭。到撰写本书时，在 1983 年那篇文章所列的 16 家公司中，只有 3 家公司仍是独立公司。机遇是巨大的，变化的数量是惊人的，而由此导致的屠戮也是极其残忍的。如果我们生活在一个充满重大机遇的时代，那么那些拥有正确的工具和概念，且在运用这些工具和概念时恪守纪律的人，将在前行的道路上走得更远；反之，他们则会落后。尽管面临各种好机遇，但很多人还是被完全踢出局。

问：就本项研究而言，2008 年的金融海啸对你的想法产生了什么影响？

答：这场危机只是进一步强化了本书所述研究问题的关联性。几乎没有人预测到 2008 年的金融危机。下一次大分裂（Great Disruption）将会到来，而之后依然还会有“大分裂”，一个接着一个，永无休止。我们不知道它们会以什么形式出现，我们也不知道它们会在什么时候到来，但我们知道它们迟早会发生。

问：在这项研究结束后，你是更乐观了还是更悲观了？是更有希望了还是更失望了？

答：我们变得更乐观了，也更有希望了。不同于我们先前的研究项目，这项研究表明，我们的成败和存亡更依赖我们自身的行动，而非世界带给我们的变化。让我们感到欣慰的一个事实是，任何一位 10 倍速领导者都会犯错，有时候甚至是犯大错，但他们有能力进行自我纠正，有能力生存下来，有能力成就卓越。

附录·研究依据

- 方法论
- 10 倍速公司筛选
- 对比组案例公司筛选
- 对“日行 20 英里”的分析
- 创新分析
- 先子弹后炮弹分析
- 现金和资产负债表分析
- 风险-类型分析
- 速度分析
- SMaC 方法分析
- 运气分析
- 对冰球名人堂的分析

研究依据：方法论

我们采用的研究方法是配对案例法。这个方法的本质就是选择可比较的配对公司，观察配对中的公司在某特定维度上呈现的偏差

（我们采用的是长期表现）。为组成配对公司，我们在极不确定且极混乱的行业中确定了 7 家长期取得卓越表现的公司（我们称之为 10 倍速公司）。然后，我们又为每一家 10 倍速公司确定了一家拥有类似起点的对比组案例公司（处于同一行业，成立时间相似，规模相似），但这些公司只取得了一般的业绩表现。如此，我们得到了一个包括 7 个配对组共 14 家公司的数据集。通过全面的数据收集，我们制定了一个公司历史年表；然后，我们对可以解释这种长期表现差异性的变量进行了分析。以下是我们采取的步骤。

1. 确定研究问题和分析单位。我们的研究问题是："为什么有的公司能够在极不确定的甚至混乱的环境中实现蓬勃发展，而有的则不能？"如果一个行业经历了众多符合如下 5 个标准的事件，那么我们就将它划归极不确定且极混乱的行业。这 5 个标准如下：（1）事件并不是行业内的公司所能控制的；（2）事件所产生影响的持续时间较短（通常不到 5 年）；（3）事件会对行业内的公司造成损害；（4）事件的某些重要方面是不可预测的（比如事件发生的时间、形式和状态等）；（5）事件真正发生了（它们并不仅是被预测到了）。这些被选出来的行业经历了众多可造成大破坏的事件，包括放宽管制、激烈的技术变革、价格战、燃料冲击、监管和立法变革、并购以及行业衰退等。

在我们的研究中，分析单位并不是永存的公司，而是一个公司的某个时期——自公司创建伊始到 2002 年 6 月，这个时期就是我们的观察期（整体而言，我们这项研究所选取的时间跨度大约是从 1970 年到 2002 年）。确定时间段之所以重要，是因为我们无法评价公司在该研究时期之后所发生的事情。这个时期涵盖公司的起步阶段、从非上市公司到上市公司的转变、成长时期，以及作为大型上市公司的成熟时期。

2. 选择合适的研究方法：配对法。我们选择的是一个可以让我们更好地发现适用于特定公司和特定行业的新洞见的方法：组织行为研究中使用的多案例研究方法。这是一个基于定性数据集和归纳分析法的比较案例法研究设计。该方法通过对少量案例的深度分析，确定形成新发现基础的模式。

基于这种方法，研究人员选择了可以凸显相关变量差异性的案例。这是因为，案例（公司）的对比最可能得出新的发现。该方法遵循的是组织行为研究、金融研究和医学研究的传统。对于这一方法，凯西·埃森哈德和梅丽莎·格拉布纳在2007年的《美国管理学会安排》中指出："一个特别重要的理论抽样法就是'极端类型'，研究人员可以选择极端（比如卓越表现对糟糕表现）案例，这样就可以更容易地观察到数据中的对比模式。"比如，在2010年的《美国管理学会安排》刊发的一篇文章中，杰弗里·马丁和凯西·埃森哈德选择的就是高绩效和低绩效的软件协作团队，并对可以解释这种绩效差别的因素进行了分析。

利用配对法的一个关键好处就是可以让我们避免所谓的"成功抽样"。如果研究人员只研究成功的公司，那么所得的研究发现能否解释这种成功，我们不得而知。或许，失败者所遵循的管理原则同胜利者是一样的。为避免出现这种问题，我们选择了成功的公司和不太成功的公司，并对它们进行了对比研究。

3. 研究群体：在美国公开上市的公司。我们选择的研究群体是那些受到周围不确定性事件和混乱事件影响的公司，而不是那些因规模或成立年限而不受这些事件影响的公司。我们所选的研究群体符合这样一个条件，即 1971 年至 1990 年在美国公开上市（首次公开发行股票）的公司。这些公司在上市时大都是刚起步的公司或小型公司，因此它们难以应对所处环境中的各种事件。

4. 确定表现卓越的公司。为了对不同行业的公司进行比较，我们选择了一个绩效标准，即可适用于各行业的股票收益。尽管这一标准排除了与其他利益相关方—如员工和社区—相关的不同标准，但这仍是最重要的一个共同计量尺度。此外，这一标准也排除了其他中间结果，比如创新和销售增长。我们将这些标准视为可能的输入变量，以解释之后股市的表现。

通过股市表现标准，我们进行了系统筛选，从初始的研究群体中选出了 7 个极不稳定且极度混乱的行业，并从中确定了 7 家业绩表现卓越的公司（10 倍速公司）。

5. 选择对比组案例公司。我们遵循两个总原则为 7 家 10 倍速公司选择了一一对应的对比组案例公司：（1）在 10 倍速公司成为上市公司时，对比组案例公司应与 10 倍速公司相似（处于相同行业，成立年限相似，规模相似）；（2）对比组案例公司应该拥有可追溯的股市表现（以便与 10 倍速公司形成对比）。

6. 收集数据：历史年表。我们对每一家公司都进行了追踪，并收集了与之相关的历史文献。以英特尔为例，我们收集了该公司自 1968 年成立以来的历史文献—历年的公司报告和与之相关的媒体文章，1968 年、1969 年、1970 年、1971 年……我们通过宽泛的档案数据源以确保能获得关于这些公司的全面事实、观点和洞见。

- 在我们的观察期内刊发的有关该公司的所有重要文章（自公司成立时起到 2002 年），来源包括《商业周刊》《经济学人》《福布斯》《哈佛商业评论》《纽约时报》《华尔街日报》《华尔街手稿》，以及行业来源和特定主题来源等。
- 商学院的案例研究和行业分析。
- 关于每一家公司及（或）其领导者的著作。
- 每一家公司的年度报告、代理报告及招股说明书。
- 每一家公司的重要分析报告。
- 商业和行业参考资料，比如《美国商业领袖传记辞典》和《国际公司史名录》。
- 从每家公司直接获得的资料（我们通过信函咨询相关信息，比如公司史、高管的演讲、投资者关系资料，以及与公司相关的文献）。
- 公司财务数据：收入和资产负债表数据（来自标准普尔数据库 Compustat）。

通过定性研究法，我们考察了可解释 10 倍速公司和对比组案例公司之间结果差异性的一系列因素。我们通过这样一种系统的方式来寻找可能的新颖解释，而这也是运用归纳案例研究的根本目标。为此，我们收集了与诸多因素相关的信息，其中包括：

- 领导层：主要高管、首席执行官的任期和继任、领导风格和行为。
- 创始根源：创始团队和环境。
- 战略：产品和市场战略、商业模式、关键并购、战略变革。
- 创新：新产品、新服务、新技术、新实践。
- 组织结构，包括重大重组。
- 组织文化：价值和规范。
- 运营实践。
- 人力资源管理：与招聘、解聘、提升和奖励制度相关的实践。
- 技术的运用，包括信息技术的运用。
- 公司销售和利润趋势，财务比值。
- 重大行业事件：衰退、繁荣、冲击、技术变革、市场变化、监管变化、竞争对手的行动、价格战、商业模式变化及并购。
- 重大运气事件（好的和坏的）。
- 重大风险事件。
- 速度：发现威胁和机遇的时间、做出决策的时间、走向市场的时间（先行者还是追随者）。

然后，我们按年度、按公司对所有信息进行了分组处理，并建立了历史年表——从最早的年份一直延伸到我们观察期的最后一个年份，即 2002 年。

在建立历史年表时，我们也搜集了多个信息源，以确保每一条信息的准确性。对这种数据的三角剖分可以降低所得信息的不准确性、不完整性或偏颇性。比如，在一本关于太平洋西南航空公司的书中，有关于西南航空公司团队在 1969 年赴加利福尼亚州访问太平洋西南航空公司的描述，而太平洋西南航空公司也允许西南航空公司复制它的运营手册。我们对这一信息做了三角剖分，而且这段历史在另一本关于西南航空公司首席执行官拉玛尔·缪斯——他参加了那次访问——的书中也得到了验证。

总之，我们的策略是收集高质量数据。我们遵循严格的学术原则以确保数据的完整性：收集历史信息（而非当前信息）——可追溯到公司创始年份的历史信息，建立多个数据源并对相关数据进行三角剖分；收集与诸多因素相关的信息，确保信息多元化。

7. 分析。配对分析。在建立配对公司的历史年表后，我们——吉姆和莫滕——分别阅读了所有文件，并针对每一家公司撰写了详细的案例报告及配对案例分析。每份配对分析文件平均达 76 页（27 600 个单词），所有的案例报告相加达 1 064 页（386 400 个单词）。

然后，我们又分别阅读了彼此撰写的报告。在经过一系列讨论之后，我们给出了一个可解释配对公司业绩表现差异性的主要清单。这个清单中的解释必须满足如下条件：

- 10 倍速公司和对比组案例公司之间存在明显的差异，并且这些差异有令人信服的证据做支撑。
- 对这种差异为什么会影响结果要有一种解释，即学术研究中的因果机制（仅仅考察这种差异是不够的；对这种表现上的差异性，还需要一种可行的解释）。

交叉分析。我们寻找大多数 10 倍速公司明显具有的而对比组案例公司并不具备的因素。

概念生成。通过配对分析和交叉分析，我们确定了可解释结果差异性的主要概念。我们通过一系列的单一因素做出推论，然后再将其分类，从而得出更一致的概念。

财务分析。我们通过标准普尔数据库 Compustat 获得数据，并建立了自公司成立（或拥有可用数据的最早年份）起至 2002 年的详细的年度收入、资产负债表和现金流量表，从而创建了一个涵盖 300 年公司史的年报电子表格。

事件史分析。我们采用的是组织学者研究公司演变时所运用的事件史分析法。通过这一方法，我们分析了公司发展历程中的如下事件："日行 20 英里"事件、创新事件、炮弹事件、风险事件、时间敏感事件和 SMaC 方法变化事件。对每一个事件，我们都进行了界定，并按年度进行了编码、分析，从而得出每一家公司的事件史。

8. 局限性和问题。任何一种研究方法都有其优点和不足。我们的研究方法也不例外。以下是就研究方法所提的最常见的问题以及我们的回应。

问：仅研究 14 家公司，样本量是不是太少了？

答：我们不这么认为，因为我们的目标并不是对公司大样本中的已知假定进行测试，而是旨在获得新的发现。样本数量的多少并不重要，重要的是我们是否有信心从这些样本中得到一种共有模式。因此，即便再增加一个配对组，我们也不太可能得到更多发现。这在研究法中被称为冗余或理论性饱和：在定性案例研究的某点上（通常是在 8~12 个案例之后），研究人员的研究会达到一种饱和状态；也就是说，在这个点上，仅通过增加案例数量并不会得出新认识。在我们的研究中，我们所增加的最后一个配对组并没有给我们带来新洞见。我们的研究之所以会达到饱和状态，原因之一就是我们精心策划的配对设计产生出了“极端类型”，从而使得我们更容易观察到其中的差异性。

问：这是一个关于成功的抽样吗？

答：不是。我们在前面已经解释过，我们选择的并不仅是成功的公司。我们在同一行业为每一家成功公司挑选了一家对比组案例公司。所以，在我们的案例中，任何一家表现优异的公司都对应着一家表现不是太好的公司（对比组案例公司）。

问：这些发现是普遍适用的吗？

答：是的，但也有一些限定条件：

- 跨越众多行业和公司。我们不确定我们的发现是否适用于所有公司，但我们坚信，我们的发现适用于很多公司和行业，因为它们建立在由 7 个行业（而不仅仅是一两个行业）组成的多元化数据集的基础之上。此外，由于我们研究的只是美国公司，所以在将这些发现延伸应用于其他国家和文化中时，一定要多加注意。

- 超越时间。虽然我们研究的是1970年至2002年这一时期的公司，但我们强烈地认为，我们的发现与2011年以后的时代也是高度相关的，而原因就是我们有意选择了极不稳定且处于混乱状态的行业。从某种程度上讲，世界仍将处于不稳定状态，而这些已经历过混乱状态的行业将继续面临混乱环境。由此可见，我们研究的结论也将适用于未来。

问：依据对历史数据的追索，会不会产生一种潜在的偏见？

答：这可以说是一个潜在的问题，但我们的方法可以最大限度地避免这种情况发生。我们不遗余力地收集历史记录，而不是以回溯的方式解读相关历史的当前著作。比如，2000年，有一篇关于在20世纪70年代，英特尔成长期的文章；若使用这篇文章，研究就会存在一些问题，因为它依赖的是对历史的解读，而这种记录还有可能会受到英特尔在2000年时已获得的成功的影响。这种方法所产生的问题就是所谓的归因错误。相比之下，我们采用的是历史记录，收集的是在20世纪70年代发生的与英特尔相关的事件的信息。在那个时代，英特尔尚未取得巨大成功，所以人们也就不会犯这种归因错误。

问：我们可以宣称因果关系吗？

答：很多社会科学研究，包括大多数管理研究以及我们的研究，若不存在决定性的因果关系（“x的变化必然导致y的变化”），那么就不能宣称因果关系。按照组织和战略管理研究的长期传统，我们寻求或许可以解释公司间表现差异性的因素。在表达我们的观点时，我们非常注重我们的措辞，比如“*x* 和公司表现之间可能存在一种关系”，再比如“*x* 的增长有可能会导致 *y* 的增长”；这些都是可能性的陈述，而非决定性的陈述。

问：这里存在“反向因果关系”的问题吗？

答：在解释与初始假定的方向相反时，就会发生反向因果关系。比如，你原以为创新导致公司成功，但事实上，是公司的成功带来了更好的创新（更成功的公司有更多的资金投入创新）。我们在很大程度上避免了这种问题的发生，因为我们依据的是历史文献，而通过这些文献我们可以确定特定实践开始的时间，进而确定首先出现的因素。

问：有没有遵循这些原则但未能取得同等程度成功的公司？

答：我们并没有研究美国所有公司，所以我们无法确定是否存在这种情况。但下面这 3 点会让你有一个更清楚的认识：

- 我们的多元化数据集（7 个不同的行业）降低了我们的发现仅为一两家公司和（或）一两个行业独有特征的可能性。
- 正如我们先前所说的，我们并未宣称一个决定性的因果链—你如果采取这些原则，就一定会取得卓越的表现（保证性的）。我们的阐述是，追求这些原则会提升成功的概率。

- 在本书中，10 倍速公司都践行了书中所有原则；仅仅践行一项原则或少数几项原则不太可能取得卓越表现。

问：行业特征可不可以解释这种结果？

答：在研究的每一个行业中，我们都选择了两家公司（配对公司），这样做的目的之一就是控制行业状况的影响。虽然配对中的两家公司面临极相似的行业环境，但就运营实践和业绩表现来看，它们却相去甚远。对于配对公司来说，它们所面临的行业因素是一样的，所以这些因素本身并不能解释它们之间的差异性。

问：10 倍速公司仅仅因为幸运吗？

答：运气通常会被排除在分析之外，而有时候这也会引起管理研究者的抨击。我们并没有忽略运气的角色，相反，我们界定了运气的构成，收集了与好运气和坏运气事件相关的数据，并对这些运气事件在解释公司表现中所扮演的角色进行了考察。我们在第七章中对有关运气的发现进行了全面阐述。

问：如果有的公司在我们的研究期之后表现得不再出色，那会怎样？

答：如果出现这种情况，那也不能表明我们的发现是无效的。我们的观点是有限定条件的；我们研究的是公司的某段时期，而不是公司长久的表现。对于具体的公司来说，其业绩表现不太可能一成不变地持续下去，原因如下：

- 公司或许不再践行导致其成功的因素。
- 在经历了长期的发展之后，公司或许需要新发展方向或新实践。
- 竞争者或已迎头赶上，并复制了公司的实践，从而使得原先的成功策略大打折扣。
- 股市或已完全理解了公司的成功因素，并通过股价予以体现，从而使得公司难以继续实现卓越的股票回报率。

上述任何一种解释都有可能侵蚀公司的表现。仅仅是公司的表现不再卓越，并不意味着先前帮助公司实现卓越表现的因素不再有效。

研究依据：10 倍速公司的筛选

我们通过三个重要原则来确定我们选定的 10 倍速公司：

1. 它们取得了引人注目的成绩；在我们的观察期内，它们既是股市的胜者，也是行业的胜者。
2. 它们处于极不稳定且极度混乱的行业环境。
3. 在成立初期并不强大（在 1971 年或之后上市，且上市时为刚起步公司或小型公司）。

我们先是从芝加哥大学证券价格研究中心（CRSP）的数据库中

获得数据集，并按如下 11 个“过滤”步骤进行了筛选（见表附 1）。

表附 1　卓越公司的筛选过程

第一步：1971 年及之后首次出现在 CRSP 数据库中的公司，共计 20 400 家。 排除在 1995 年之后首次出现的公司。 剩余 15 852 家。
第二步：在 2002 年 6 月之后依然存在的公司。 剩余 3 646 家。
第三步：截至 2002 年，股东总回报（TSR）表现至少 3 倍于一般票市场的公司 *。 剩余 368 家。
第四步：在 1971—1990 年首次公开发行股票的美国公司。 剩余 187 家。
第五步：排除截至 2001 年仍为小公司的公司。 剩余 124 家。
第六步：在首次公开发行股票 15 年后股东总回报表现至少 4 倍于一般股票市场。 剩余 50 家。
第七步：排除不连贯的表现模式。 剩余 25 家。
第八步：仅限于不稳定的、混乱的行业。 剩余 12 家。
第九步：红旗标准公司。 剩余 9 家。
第十步：排除首次公开发行股票时已为大公司和老公司的公司。 剩余 8 家。
第十一步：超过行业表现。 剩余 7 家。

注：* 相对于一般股票市场的公司累计回报率。

---

① 红旗标准（Red Flag Test）通常用于判断网络服务提供商对互联网上的侵权信息或活动是否“明知”，以及在获得有关事实情况后是否看出明显侵权行为的存在。这里指公司对自己的过错行为是否“明知”或“应知”。——编者注

第一步：选择在1971—1995年首次出现在CRSP数据库中的公司。我们认为，CRSP中的首个数据登记项可以作为公司上市时的一个良好替代值（见第四步）。

第二步：保留在2002年6月以后依然存在的公司。我们希望只保留那些在2002年观察期末尾依然独立存在的公司。

第三步：达到初始股票表现门槛。我们排除了所有月度累计回报率未超过市场表现3倍的公司，时间是从公司首个数据出现在CRSP中的当月月末到2002年6月28日。

第四步：确认在1971—1990年首次公开发行股票的美国公司。我们对剩余的美国公司进行了严格审查，确认公司上市的时间及公司是否为真实公司。我们排除了非传统的首次公开发行股票，比如分拆、反向并购、并购、反向杠杆收购、房地产信托投资和有限合伙等。此外，我们还排除了外国公司。

第五步：排除了2001年时收入不超过5亿美元的公司。我们的要求是，在上市之初为新公司或小公司，但在观察期的末期已经成长为大公司的公司。

第六步：自首次公开发行股票之日起，在接下来的15年里，公司的股票表现要超过一个门槛。在这一时期，我们采用的是一个更准确和更严格的股票表现标准——建立在每日回报数据之上的标准。我们排除了该时期内累计回报率未超过市场回报率4倍的所有公司。

第七步：排除股票表现模式不一致的公司。通过这一步骤的筛选，我们排除了那些股票表现模式不一致（比如表现不稳定、上下波动等）的公司。

第八步：选择处于极不稳定且极度混乱行业中的公司。对极不稳定且极度混乱的行业，我们的界定是该行业经历了大量符合如下标准的事件：

1. 事件是行业内公司无法控制的，它们无法阻止这些事件的发生。
2. 事件所产生的影响持续时间较短。按照我们的界定，这里的“较短”是指不足5年。（通常情况下，持续时间远少于5年。）
3. 事件会对行业内公司造成损害。它们或许不会损害所有公司（包括考虑中的公司），但存在造成损害的可能性。
4. 事件的某些重要方面是不可预测的。事件本身或许并不是完全不可预测的，但事件的一些重要因素是不可预测的—事件发生的时间、形式、状态和影响等。（比如，航空业放宽管制是可预测的，但放宽管制所采取的具体形式以及它对行业的冲击却是完全不可预测的。）
5. 事件真正发生了，它们并不仅仅是被预测到了。

我们系统地收集了相关的行业信息，并为每一个行业创建了编码文件。通过这些分析，我们将行业分为“稳定行业”“不稳定行业”和“极不稳定且极度混乱行业”。我们选择的是处于极不稳定且极度混乱行业中的公司。

第九步：红旗标准。我们进行了红旗标准分析，以确定公司在观察期内是否经历过重大盈利重述，以及在观察期的末期是否处于孱弱状态。我们将出现过这种情况的公司排除在外。

第十步：在首次公开发行股票时为刚起步的公司或小公司。由于我们只选择那些在首次公开发行股票时为刚起步的公司或小公司的公司，所以我们排除了在上市时已是大公司或老公司的公司。

第十一步：超过行业指数。这一步的目的是确保公司的良好表现并不仅仅因为行业的良好表现。我们创建了行业股票表现指数；自首次公开发行股票之日起，若一家公司在接下来15年里的股票累计回报未能达到行业表现的3倍，那么该公司被排除在外。

关键定义

• 月度总回报：股东在既定月份所获得的单只证券的总回报（包括股息再投资），亦被称为股东总回报。

• 股票累计回报：在 $t1$ 和 $t2$ 期间投资 Y 美元于某证券的复利终值，公式为 $\$Y\times$（1+ 月度总回报 @$m1$）×（1+ 月度总回报 @$m2$）×……（1+ 月度总回报 @$t2$）；其中 $m1$ 代表 $t1$ 之后的首月月末，$m2$ 代表 $t1$ 之后的次月月末，依此类推。

• 一般股票市场（也被称为一般市场或市场）：纽约证券交易所（美国证券交易所、纳斯达克）的价值加权回报，由所有在这些交易所交易的公司的总市值组成（包括股息再投资），以公司资本除以市场资本加权得出。

• 相对于市场的累计回报率：在任一既定时期的后期，该比值可以用投资公司的 Y 美元的累计回报除以投资一般股票市场的 Y 美元的累计回报得出；也就是说，Y 美元在同一时间分别投资公司和一般股票市场。

注：在第六步中我们使用了相同的公式，用每日回报数据替代月度回报数据。

研究依据：对比组案例公司的筛选

通过历史文献，我们开展了系统的研究，以确定行业内相对应的公司，并对它们评分，进而选出最佳配对公司。我们按照如下 6 个标准对对比组候选公司进行评分。其中，标准 1 到标准 4 是为了确保对比组案例公司与 10 倍速公司有相似的起始点；标准 5 是为了创造表现差距；标准 6 是一个表面效度测试。基于我们的标准，筛选出的对比组案例公司可以说是非常好的，甚至可以说是完美的。（在所有的对比组案例公司中，只有基兰斯纳略逊一些，但也可以接受。）

1. 业务匹配性（成立初期）。在 10 倍速公司上市时，对比组候选公司与 10 倍速公司处于相近的业务领域。（我们使用的是 CRSP 中拥有 10 倍速公司股票回报记录的首个年份，以下简称“配对年份”。）
2. 成立时间匹配性。对比组候选公司成立的时间要与 10 倍速公司成立的时间大致相当。

3. 规模匹配性（成立初期）。在10倍速公司上市时，对比组候选公司与10倍速公司的规模应大致相当。
4. 保守测试（成立初期）。在10倍速公司上市时，对比组候选公司要比10倍速公司更成功（从而形成一个更明显的初期对比结果）。
5. 表现差距。在我们的遴选期内，对比组候选公司市场的累计回报比值（以下简称“比值”）要接近或低于1（也就是说，在这段期间，对比组候选公司的股东回报并不及一般股票市场的回报）。
6. 表面效度（2002年）。在观察期的末期考察两公司时，对比组候选公司是“可以说得过去的”；它们仍处于相近的业务领域。

配对组备注总结

安进公司　我们所考虑的生物科技公司共计12家。最佳配对公司：基因泰克。配对年份：1983年。该公司在保守测试、表面效度、业务匹配性和表现差距（1983—2002年的比值为0.92）方面配对完美，在成立时间匹配性和规模匹配性方面配对较差。点评：基因泰克是生物技术行业早期的领军者（公司成立于1976年），而成立于1980年的安进则是生物技术领域后起的新公司之一。第二选择的配对公司：美国凯龙公司、健赞公司。

巴奥米特 我们所考虑的整形外科医疗器械制造商共计10家。最佳配对公司：基兰斯纳。配对年份：1986年。该公司在业务匹配性、规模匹配性和表现差距（1986—1994年的比值为0.76）方面配对较好，在保守测试、表面效度和成立时间匹配性方面配对较差。点评：基兰斯纳和巴奥米特都重点关注整形外科移植和置换装置市场。第二选择配对公司：高级神经调制系统公司、国际医药公司。

英特尔 我们所考虑的集成电路公司共计16家。最佳配对公司：超微半导体公司。配对年份：1973年。该公司在业务适合性、成立时间匹配性、表面效度和表现差距（1973—2002年的比值为1.05）方面配对完美，在保守测试和规模匹配性方面配对较差。点评：英特尔和超微半导体公司都是由飞兆半导体公司的离职人员创建的，创建时间均为20世纪60年代末，且两家公司都致力于存储芯片业务。第二选择配对公司：德州仪器、美国国家半导体公司。

微软 我们所考虑的计算机公司共计10家。最佳配对公司：苹果。配对年份：1986年。该公司在成立时间匹配性、表面效度和表现差距（1986—2002年的比值为0.51）方面配对完美，在业务匹配性、保守测试和规模匹配性方面配对较差。点评：在我们的关键观察时期（20世纪70年代末期到20世纪90年代中期），微软和苹果提供了两种替代性个人电脑，且互为竞争对手。第二选择配对公司：莲花公司、网威公司。

前进保险公司 我们所考虑的保险公司共计16家。最佳配对公司：萨菲科。配对年份：1973年。该公司在业务适合性、保守测试和表现差距（1973—2002年的比值为0.95）方面配对完美，在表面效度、规模适合性和成立时间适合性方面配对较差。点评：同前进保险公司一样，萨菲科长期以来也是一家恪守承保纪律的知名保险商。第二选择配对公司：GEICO 公司、Employers Casualty 公司。

西南航空公司 我们所考虑的航空公司共计 25 家。最佳配对公司：太平洋西南航空公司。配对年份：1973 年。该公司在业务匹配性、保守测试、表面效度和表现差距（1973—1987 年的比值为 0.99）方面配对完美，在规模匹配性和成立时间匹配性方面配对较差。点评：西南航空公司直接拷贝了太平洋西南航空公司的业务模式。第二选择配对公司：布拉尼夫航空公司、大陆航空公司（得克萨斯州）。

史赛克 我们所考虑的外科医疗器械公司共计 15 家。最佳配对公司：美国外科医疗公司。配对年份：1979 年。该公司在业务匹配性、保守测试、表面效度和表现差距（1979—1998 年的比值为 1.16）方面配对完美，在成立时间匹配性和规模匹配性方面配对较差。点评：自 20 世纪 70 年代开始，美国外科医疗公司和史赛克都重点关注外科仪器和设备市场。第二选择配对公司：Birtcher 公司、美国医院供应公司。

研究依据：对执行“日行 20 英里”原则公司的分析

在第三章中，我们对公司的“日行 20 英里”的行为进行了编码和分析；也就是说，它们是否有一个业绩表现的下限和一个在繁荣时期自我驱动的增长上限。我们对公司是否有这样的规定，以及是否在实践中坚持这些规定，进行了登记分类，并依据 52 项行业衰退事件，就坚持“日行 20 英里”原则对公司成效的影响进行了分析。

发现 1 就践行“日行 20 英里”原则而言，10 倍速公司要好于对比组案例公司（有力证据）。在 7 个配对组中，有 6 组有有力证据的支持，有 1 组有充分证据支持（安进和基因泰克）。两家公司（太平洋西南航空公司和萨菲科）在成立初期坚持“日行 20 英里”原则，但后期放弃了这一原则。两家公司（基因泰克和苹果）在后期采取了“日行 20 英里”原则。对于其他对比组案例公司（美国外科医疗公司、基兰斯纳和超微半导体公司）来说，几乎没有证据表明它们坚持过“日行 20 英里”原则（见第三章中的表 3–1）。

发现 2 相比未践行“日行 20 英里”原则的公司，践行“日行 20 英里”原则的公司在行业衰退期有着更好的业绩表现（有力证据）。在所有 7 个配对组中，这一发现都有有力证据的支持。多家未坚持“日行 20 英里”原则的公司在行业衰退期表现糟糕。

如表附 2 所示，在行业困难时期，“日行 20 英里”原则对公司有巨大作用。在践行“日行 20 英里”原则所产生的结果中，好结果（29 个事件）远超过坏结果（0 个事件）。在未践行“日行 20 英里”原则所产生的结果中，坏结果（20 个事件）远超过好结果（3 个事件）。

如表附 2 所示，对比组案例公司在坚持“日行 20 英里”原则时（4 次）也受益匪浅。此外，10 倍速公司在未践行“日行 20 英里”原则时（2 次），也出现了糟糕的表现。由于 10 倍速公司事先坚持了“日行 20 英里”原则，所以在困难时期，它们的业绩表现相对较好，而对比组案例公司由于大多数时候都没有坚持“日行 20 英里”原则，所以在行业困难时期的表现相对较差。

表附 2 “日行 20 英里”实践与行业衰退期间的成果

组合类型（“日行 20 英里”+结果）	事件的数量（%）		
	10 倍速公司	对比组案例公司	总计
行业衰退事件	27	25	52
“日行 20 英里”的实践	25（100%）	4（100%）	29（100%）
“日行 20 英里”+好结果	25（100%）	4（100%）	29（100%）
“日行 20 英里”+坏结果	0	0	0
未践行“日行 20 英里”	2（100%）	21（100%）	23（100%）
未践行“日行 20 英里”+好结果	0	3（15%）	3（13%）
未践行“日行 20 英里”+坏结果	2（100%）	18（85%）	20（87%）

注：适用于 10 倍速公司和对比组案例公司的可比较年数。共计 25 次行业衰退。

研究依据：创新分析

在第四章中，我们对 290 项创新事件进行了分析，以确定 10 倍速公司和对比组案例公司中的创新类型和创新程度。

创新是一个多面的概念。首先，创新有着不同的维度，包括产品创新、运营创新和商业模式创新等。至于何为关键创新，则要依行业而定。

其次，这里的创新更多的是指创新程度。彻底的或革命性的创新是指能够带来巨大性能提升或特性改进的创新（相比于现有产品或服务而言），而增量的或渐进式的创新是指能够带来较小性能提升或特性改进的创新。我们将创新划分为渐进式创新、中等程度创新和重大创新三类。对于创新型公司，我们的定义是公司拥有多个重大创新和中等程度创新。

再次，创新还需要有参考点，即创新是与什么相比较的创新。一个参考点是相对于公司之前所提供产品或服务的（内部参考点），另一个参考点是相对于当时市场上已存在的产品或服务的（外部参考点）。我们采用的是后者。

最后，拥有一款极具创新性的产品并不意味着公司一定会取得商业上的成功。在市场中，不要将创新同财务结果相混淆，这一点很重要。

我们首先确定了行业中最重要的创新领域。此外，我们也对每个行业的创新门槛进行了界定，即行业性质对公司创新程度的要求。有的行业的创新门槛很高（如生物技术行业），而有的行业的门槛则很低（如航空业）。

通过对公司历史资料和媒体文献的分析，我们确定了公司的创新公告，并对创新事件进行了编码。按照创新程度，我们将创新事件划归以下三个类别：

- 重大创新。该类创新带来了高度的性能提升或特性改进（相比于市场上现有的产品或服务而言）。这类创新通常被称为“开拓性创新”、“革命性创新”或“突破性创新”。
- 中等程度创新。该类创新带来了坚实的性能提升或特性改进。

- 渐进式创新。该类创新带来了一定程度的性能提升或特性改进，但很明显，这并不意味着重大进展。

发现 1　在我们的观察期内，我们所研究的这些公司创造了大量的创新成果（充分证据）。整体而言，我们统计了涵盖这些公司的 290 个创新事件：31 个重大创新、45 个中等程度创新和 214 个渐进式创新（见表附 3）。在我们的研究期内，12 家公司有大量创新成果，而萨菲科和基兰斯纳则没有太多创新。

发现 2　似乎存在一种创新“门槛”效应：在创新扮演重要角色的行业，公司的创新事件更多（充分证据）。在我们的观察期内，高门槛行业（生物技术、半导体及个人电脑）的重大创新（中等程度创新）的平均数为 7.5，而在中等程度门槛行业（医疗器械）为 5，在低门槛行业（航空、汽车保险）为 2.8。

发现 3　10 倍速公司在创新方面并不及对比组案例公司（有力证据）。从表附 3 可以看出，配对组公司之间并没有一个明显的模式。就重大创新和中等程度创新而言，有 3 家 10 倍速公司明显超过其对比组案例公司（英特尔对超微半导体公司，前进保险公司对萨菲科，巴奥米特对基兰斯纳）。在另外 4 组配对公司中，情况恰恰相反，对比组案例公司在创新方面要超过 10 倍速公司（太平洋西南航空公司对西南航空公司，基因泰克对安进，美国外科医疗公司对史赛克，苹果对微软）。

在生物技术行业，专利可以被视为创新。据美国专利局提供的数据，基因泰克自成立时起到 2002 年，获批的专利数量（772 个）

远超过安进（323 个）。此外，据欧洲工商管理学院教授、专利数据专家亚斯耶特·辛格提供的专利数据，基因泰克的专利被其他专利引用的次数——衡量创新程度的指标——也超过安进公司：基因泰克每件专利的平均引用次数为 7.09，而安进仅为 4.23。由此可见，就专利衡量指标来看，基因泰克更具创新性，而这也证实了我们在创新方面的观点。

发现 4 相比于对比组案例公司，10 倍速公司更追求渐进式创新（部分证据）。在 7 个配对组中，有 5 组呈现这种情况：10 倍速公司的渐进式创新数量超过它们的对比组案例公司（见表附 3 中的最后一列）。这一趋势与“日行 20 英里”的理念是相关联的：坚持“每天都前进一小步”的公司似乎更注重小型创新和频繁创新。

表附 3　10 倍速公司和对比组案例公司创新情况

		10 倍速公司			对比组案例公司			10 倍速公司更具创新性？①	10 倍速公司有更多的渐进式创新？
配对组	行业创新门槛	重大创新的数量	中等程度创新的数量	渐进式创新的数量	重大创新的数量	中等程度创新的数量	渐进式创新的数量	10 倍速公司对对比组案例公司	10 倍速公司对对比组案例公司
英特尔和超微半导体公司	高	4	6	15	1	4	11	是：10：5	是：15：11
安进和基因泰克	高	2	2	8	6	2	4	不是：4：8	是：8：4
微软和苹果	高	2	6	23	6	4	14	不是：8：10	是：23：14

（续表）

		10 倍速公司			对比组案例公司			10 倍速公司更具创新性？[1]	10 倍速公司有更多的渐进式创新？
巴奥米特和基兰斯纳[2]	中	2	3	4	0	0	2	是：5∶0	是：4∶2
史赛克和美国外科医疗公司[3]	中	1	6	77	3	5	41	不是：7∶8	是：77∶41
西南航空公司和太平洋西南航空公司	低	1	2	3	2	3	7	不是：3∶5	不是：3∶7
前进保险公司和萨菲科	低	1	2	2	0	0	3	是：3∶0	不是：2∶3
中位数		2	3	8	2	3	7		
总计		13	27	132	18	18	82	3 是，4 不是	5 是，2 不是

注：① 更具创新性：具有最大数量的重要创新；重要创新是指重大创新和中等程度创新之和。

② 不完全信息。

③ 两家公司的截止时间都为 1997 年。

适用于 10 倍速公司和对比组案例公司的可比较年数。共计 290 项创新事件。

研究依据：先子弹后炮弹分析

我们对先发射子弹后发射炮弹的方法以及 10 倍速公司和对比组案例公司 62 个炮弹事件的结果进行了分析，并在此基础上展开了第 4 章的讨论。我们采用的是事件史分析法，对子弹和炮弹进行了确定、计数和分析。

发现 1　相比对比组案例公司，10 倍速公司更重视子弹方法（充分证据）。在 7 个配对组中，有 5 组呈现这种情况：在实践中，10 倍速公司比对比组案例公司更重视子弹方法。在另外两组中，10 倍速公司和对比组案例公司处于同一水平（西南航空公司和太平洋西南航空公司，安进和基因泰克）。

发现 2　10 倍速公司发射的炮弹数量少于对比组案例公司（有力证据）。如表附 4 所示（第 1 栏），在 5 个配对组中，对比组案例公司发射的炮弹数量超过 10 倍速公司，而另外两组则呈现相反的情况（英特尔超过超微半导体公司，前进保险公司超过萨菲科）。

表附 4　炮弹的计数

栏	1	2	3	4
公司	炮弹的数量	已校准炮弹的数量	未校准炮弹的数量	校准比值（%）
西南航空公司	5	4	1	80
太平洋西南航空公司	8	0	8	0
英特尔	7	5	2	71
超微半导体公司	6	3	3	50
巴奥米特	1	0	1	0
基兰斯纳	3	0	3	0
前进保险公司	4	3	1	75
萨菲科	3	0	3	0
安进	3	2	1	67
基因泰克	4	2	2	50

（续表）

栏	1	2	3	4
公司	炮弹的数量	已校准炮弹的数量	未校准炮弹的数量	校准比值（%）
史赛克	2	1	1	50
美国外科医疗公司	5	1	4	20
微软	4	3	1	75
苹果	7	2	5	29
10 倍速公司的平均数	3.7（共计 26）	2.6（共计 18）	1.1（共计 8）	69
对比组案例公司的平均数	5.1（共计 36）	1.1（共计 8）	4.0（共计 28）	22

注：*（第 2 栏中的数字）/（第 1 栏中的数字）×100%。

本表适用于 10 倍速公司和对比组案例公司的可比较年数。共计 62 项炮弹事件。

发现 3　10 倍速公司发射已校准炮弹的比值高于对比组案例公司（有力证据）。如表附 4 第 4 栏所示，在使用炮弹时，10 倍速公司发射已校准炮弹的比值为 69%，而对比组案例公司仅为 22%（需要记住的是，已校准意味着公司在发射炮弹前已经进行了确定方案可行性的实证测试）。

发现 4　相比于未校准炮弹，已校准炮弹会收获更积极的结果（有力证据）。在全部发射的已校准炮弹中，有 88% 取得了良好效果（见表附 5）。与之形成鲜明对比的是，仅有 23% 的未校准炮弹取得了良好效果。（校准是下大赌注之前的一种活动，然而，发射已校准炮弹也未必一定能取得成功。）

表附 5　炮弹的校准及结果（所有炮弹）

结果类型	已校准炮弹的数量及比值（%）	未校准炮弹的数量及比值（%）	炮弹数量总计
积极结果的数量	23（88%）	7（23%）	30
消极结果的数量	3（12%）	23（77%）	26
总计	26（100%）	30（100%）	56

注：适用于 10 倍速公司和对比组案例公司的可比较年数。共计 56 项炮弹事件，其中 6 项结果不明。

发现 5　10 倍速公司发射炮弹的成功率要高于对比组案例公司，这主要是因为它们发射了更多的已校准炮弹（有力证据）。如下页表附 6 所示，在 10 倍速公司所发射的 26 枚炮弹中，有 10 枚是已校准炮弹，且有 17 枚取得了成功。与此相对，对比组案例公司仅发射了 8 枚已校准炮弹（总计 36 枚炮弹），有 6 枚取得了成功。对比组案例公司的成功率低，是因为它们发射的很多炮弹都是未校准炮弹。

表附 6　炮弹的校准及结果

炮弹类型	结果	10 倍速公司	对比组案例公司	结果总计
已校准	较好结果的数量（%）	17（94%）	6（75%）	23（88%）
	较差结果的数量（%）	1（6%）	2（25%）	3（12%）
	已校准炮弹的数量（%）	18（100%）	8（100%）	26(100%)
未校准	较好结果的数量（%）	3（37%）	4（18%）	7（23%）
	较差结果的数量（%）	5（63%）	18（82%）	23（77%）
	未校准炮弹的数量（%）	8（100%）	22（100%）	30(100%)

注：适用于 10 倍速公司和对比组案例公司的可比较年数。共计 56 项炮弹事件，其中 6 项结果不明。

研究依据：现金和资产负债表风险分析

在第五章中，我们对总计300年的公司财务报表进行了分析，以了解10倍速公司和对比组案例公司的现金储备和债务情况。

通过标准普尔数据库Compustat中的数据，我们按年度对配对组公司的如下财务比值进行了分析，以确定10倍速公司在何种程度上优于对比组案例公司（就现金而言，比值越高越好；而对于债务而言，比值则越低越好）。

- 流动比值=流动资产/流动负债
- 现金对总资产比值=现金和现金等价物/总资产
- 现金对流动负债比值=现金和现金等价物/流动负债
- 总债务对股东权益比值=（长期债务+流动负债）/股东权益
- 长期债务对股东权益比值=长期债务/股东权益
- 短期债务对股东权益比值=流动负债/股东权益

发现1　在观察期内，相比对比组案例公司，10倍速公司整体上拥有更保守的资产负债表（有力证据）。如表附7所示，就现金和债务比值而言，在观察期内，10倍速公司整体上优于对比组案例公司（“所有年份”一栏）。从这些指标来看，它们倾向于少冒风险。

表附 7　财务比值比较（涵盖所有公司）

项目	比值	10 倍速公司在比值上优于对比组案例公司的时间比				10 倍速公司与对比组案例公司孰优？
		所有年份①	5 年内②	10 年内③	首次公开发行股票年份④	
现金	流动比值（%）	72	83	72	83	10 倍速公司
	现金对总资产比值（%）	80	83	80	67	10 倍速公司
	现金对流动负债比值（%）	80	90	80	83	10 倍速公司
债务	总债务对股东权益比值（%）	64	80	80	67	10 倍速公司
	长期债务对股东权益比值（%）	61	61	67	50	难分高下
	短期债务对股东权益比值（%）	64	87	78	100	10 倍速公司

注：①所有年份：自上市年份起至 2002 年的财务数据（适用于 10 倍速公司和对比组案例公司的可比较年数）。
②5 年内：上市 5 年内。
③10 年内：上市 10 年内。
④首次公开发行股票年份：公司上市的第一个财政年度。

发现 2　整体而言，与对比组案例公司相比，10 倍速公司在上市后的最初 5 年里拥有更保守的资产负债表。“发现 1”可能是因为 10 倍速公司有更好的业绩表现（因而可以保持更强有力的资产负债表）。但如表附 7 所示，10 倍速公司在上市 5 年内拥有比对比组案例公司更好的财务比值（在上市 10 年内也是如此）。从这些指标来看，它们在早期倾向于少冒风险。

发现 3　在上市的第一年，与对比组案例公司相比，10 倍速公司整体上拥有更保守的资产负债表（较为充分的证据）。如果考察公司上市后第一年的情况（表附 7 中的“首次公开发行股票年份”一栏），我们发现 10 倍速公司的现金比值好于对比组案例公司，另有两个债务比值指标也优于对比组案例公司，而长期债务对股东权益比值则处于相同水平，（3 家对比组案例公司——太平洋西南航空公司、基因泰克、苹果）在其首次公开发行股票年份的债务比值低于相对应的 10 倍速公司。

研究依据：风险类型分析

基于对 114 个决策事件的分析，我们在第五章中对风险类型进行了讨论。

我们分析了如下三种风险类型：

- 生死线风险：这会导致企业倒闭或严重受损。
- 非对称风险：潜在的不利方面远大于潜在的有利方面。
- 不可控风险：这将会使企业面临其无法管理或控制的力量和事件的冲击。

发现 1　整体而言，10 倍速公司所做的涉及生死线风险的决定的次数要少于对比组案例公司（有力证据）。从表附 8 来看，对比组案例公司所做的涉及生死线风险的决定的次数为 2.9 个（占比为 36%，或 10 次决定中有接近 4 次涉及生死线风险），而 10 倍速公司做出此类决定的平均数仅为 0.9（占比为 10%，或 10 次中有 1 次）。

发现 2 整体而言，10 倍速公司所做的涉及不对称风险的决定，次数要少于对比组案例公司（有力证据）。在对比组案例公司中，有 36% 的决定涉及不对称风险；而在 10 倍速公司中，仅有 15% 的决定涉及此类风险。

发现 3 整体而言，10 倍速公司所做的涉及不可控风险的决定的次数要少于对比组案例公司（有力证据）。从这类风险决定所占的比例来看，10 倍速公司远低于对比组案例公司，前者比例为 42%，而后者高达 73%。

发现 4 整体而言，10 倍速公司所做的涉及风险的决定的次数更少（有力证据）。如表附 8 所示，在 10 倍速公司所做的决定中，有 56% 是低风险的，而对比组案例公司仅有 22% 是低风险的（低风险决定是指不涉及上述任何类型的风险）。与此相对，在对比组案例公司所做的决定中，有 43% 是高风险的，而 10 倍速公司仅有 22% 是高风险的。

表附 8 重大决定所涉风险的类型和程度

所做决定的类型	10 倍速公司	对比组案例公司	是 10 倍速公司还是对比组案例公司更冒险？
每家公司分析决定的平均数	8.4	7.9	
涉及生死线风险的决定（平均数）	10%（0.9）	36%（2.9）	对比组案例公司
涉及非对称风险的决定（平均数）	15%（1.3）	36%（2.9）	对比组案例公司
涉及不可控风险的决定（平均数）	42%（3.6）	73%（5.7）	对比组案例公司

（续表）

所做决定的类型	10 倍速公司	对比组案例公司	是 10 倍速公司还是对比组案例公司更冒险？
低风险的决定①	56%	22%	对比组案例公司
中等风险的决定②	22%	35%	
高风险的决定③	22%	43%	
	100%	100%	

注：① 低风险：没有生死线风险，没有非对称风险，没有不可控风险。

② 中等风险：没有生死线风险，但有不可控风险或非对称风险。

③ 高风险：有生死线风险，或者同时有非对称风险和不可控风险；有生死线风险、非对称风险和不可控风险。

适用于 10 倍速公司和对比组案例公司的可比较年数。生死线风险、非对称风险和不可控风险并不是互斥的类别（百分比是指占所有已分析决定的比例）。低风险、中等风险和高风险是相互排斥的类别。共计 114 个决定。

发现 5　在所有的风险类别中，10 倍速公司有着更高的成功率（充分证据）。如表附 9 和表附 10 所示，对低风险决定，10 倍速公司的成功率为 85%，而对比组案例公司为 64%。对中等风险决定，10 倍速公司的成功率为 70%，而对比组案例公司为 50%。对高风险决定，10 倍速公司的成功率为 45%，而对比组案例公司为 5%。高风险类的对比颇为悬殊。之所以出现这种情况，主要因为这些决定涉及大赌注——炮弹。我们在关于先子弹后炮弹的分析中已经看到，10 倍速公司愿意花费更多时间对这些赌注进行实证验证（通过发射子弹的方式），然后才会付诸行动，从而提高了成功的概率。

表附 9　决定的风险和结果（仅包括 10 倍速公司）

结果	决定的风险程度		
	低风险（%）	中等风险（%）	高风险（%）
较差	0	15	55
一般	15	15	0
成功	85	70	45
	100	100	100

注：共计 59 个决定。

表附 10　决定的风险和结果（仅包括对比组案例公司）

结果	决定的风险程度		
	低风险（%）	中等风险（%）	高风险（%）
较差	18	28	75
一般	18	22	20
成功	64	50	5
	100	100	100

注：共计 55 个决定。

研究依据：速度分析

在第五章中，我们对 11 个敏感时刻进行了分析，以确定 10 倍速公司和对比组案例公司的认知速度、思考速度、决定速度和行动速度。

我们将不对称时刻定义为有迹象表明事件所处的条件已经发生变化，而风险状况正在随时间而改变的时刻（见表附 11）。

表附 11　不对称时刻的分类（包括所有公司）

方面	特征（%）	
事件的步伐	运行缓慢[①]：30	运行迅速：70
时刻的性质[②]	威胁：79	机遇：21
反应的清晰度[③]	清晰：42	不清晰：58
结果[④]	较好：68	较差：32

注：① 运行缓慢：这一时刻经过很长一段时间才最终到来（一般为 1 到 3 年）。
② 14 个时刻未予分类。
③ 清晰度：公司所做的反应应具备明确的程度（不需要思考太长时间）。
④ 结果不清晰或结果一般的时刻有 13 个。
共计 115 个时刻。

发现 1　不对称时刻的早期认知与较好的结果之间存在关联性（有力证据）。如表附 12 所示，在产生较好结果的案例中，71% 的时刻是被早期认知的，而在产生较差结果的案例中，只有 28% 的时刻是被早期认知的。

表附 12　不对称时刻的认知时间及其结果（包括所有公司）

认知时间	较好结果	较差结果
早期认知[①]	71%	28%
晚期认知	13%	66%

注：① 早期认知：公司在不对称时刻最初形成时就已经看到了相关信号。
省略了“中期认知”类别（100%= 早期 + 中期 + 晚期）。共计 101 个时刻（不包括信息不完整的时刻）。

发现2 快速决定的好处取决于事件的步伐（较为充分的证据）。整体而言，快速决定与较好结果是互相关联的（见表附13）。这一点在快速运行的事件中表现得更为明显。然而，当事件运行缓慢时，在取得较好结果的案例中，有61%的决定做出的速度较慢或速度中等。换句话说，在取得较好结果的案例中，并非所有的决定都是快速做出的；当事件允许的情况下，在很多案例中，人们做决定速度较慢。这也表明了“快慢有序”的方法。

表附13　决定的速度和结果（所有公司）

事件的速度	决定的速度（%）	较好结果（%）
所有事件（N=98）	缓慢/中等速度	35
	快速①	65
快速运动事件（N=69）	缓慢/中等速度	25
	快速	75
缓慢运动事件（N=29）	缓慢/中等速度	61
	快速	39

注：①快速：在事件认知后立即做出决定。
共计98项事件（不包括信息不完整的事件）。

发现3 缜密型决定与较好结果是相关联的（有力证据）。这里的缜密型是指有证据表明领导者采取了后退一步的策略，拉远镜头，对事情的发生进行了深层次思考。相比之下，被动型决定是指在做决定时缺乏缜密的思考，领导者在这种情况下要么遵循惯例，要么做出冲动的决定。如表附14所示，63%的具有较好结果的案例都与缜密型决定有关，而97%的较差结果的案例都与被动型决定有关。

表附 14　缜密的决定与被动的决定及各自的结果（涵盖所有公司）

决定的类型	较好结果（%）	较差结果（%）
缜密型	63	3
被动型	37	97

注：共计 100 个决定（不包括信息不完整的事件）。

发现 4　快速执行的好处取决于事件的步伐（充分证据）。总体而言，快速执行是与较好的结果相关联的（见表附 15）。这一点在快速运动的事件中表现得更明显，有 81% 的较好结果案例与快速执行相关。在运行缓慢时，情况则比较复杂：快速决定和较慢的或中等速度的决定都与较好的结果相关。

表附 15　执行速度与结果（涵盖所有公司）

	执行速度	较好结果（%）
所有事件（N=65）	缓慢 / 中等速度	27
	快速 *	73
快速运动事件（N=46）	缓慢 / 中等速度	19
	快速 *	81
缓慢运动事件（N=19）	缓慢 / 中等速度	50
	快速 *	50

注：* 快速：在决定做出后，领导者立即执行。
共计 65 项事件（这里的事件较少，因为公司在很多时候都没有做出任何改变，所以也不会有决定的执行）。

发现 5　10 倍速公司在坚持上述 4 个发现方面要强于对比组案

例公司（有力证据，见表附 16）。

表附 16　10 倍速公司和对比组案例公司在非对称时刻的决定行为

非对称时刻		10 倍速公司（N=57）（%）	对比组案例公司（N=45）（%）
认知时间	早期认知	68	42
决定时间	快速决定	57	45
	针对快速运动事件的快速决定	71	52
	针对缓慢运动事件的快速决定	25	31
缜密型 vs 被动型	缜密型决定	68	14
执行速度	快速执行	66	63
	针对快速运动事件的快速执行	76	62
	针对缓慢运动事件的快速执行	40	67

注：适用于 10 倍速公司和对比组案例公司的可比较年份数。100%=10 倍速公司或对比组案例公司的所有时刻。共计 102 个时刻（不包括信息不完整的时刻）。

- 认知时间。总体而言，10 倍速公司（在案例中占比 68%）对不对称时刻的认知时间要早于对比组案例公司（在案例中占比 42%）。
- 决定速度。整体而言，10 倍速公司（在案例中占比 57%）所做决定的速度要快于对比组案例公司（在案例中占比 45%）。此外，在调整决定速度方面，10 倍速公司也好于对比组案例公司：对于快速运动事件，它们所做快速决定的比例为 71%

（对比组案例公司为52%），而对于缓慢运动事件，它们所做快速决定的比例为25%（对比组案例公司为31%）。

- 缜密型vs被动型。10倍速公司做出缜密型决定的比例（68%）要高于对比组案例公司（14%）。
- 执行速度。整体而言，10倍速公司（在案例中占比66%）在执行速度方面并未大幅领先对比组案例公司（在案例中占比63%）。然而，在调整执行速度方面，10倍速公司要好于对比组案例公司：对于快速运动事件，它们所做快速决定的比例为76%（对比组案例公司为62%）；而对于缓慢运动事件，它们所做快速决定的比例为40%（对比组案例公司为67%）。

结果就是，在应对不对称时刻时，10倍速公司所取得的较好结果（89%）远高于对比组案例公司（40%）。

研究依据：SMaC方法分析

在第六章中，我们分析了每一家公司，以确定其是否拥有SMaC方法，若有，则对方法的相关要素进行搜集。我们记录了涵盖所有公司的117个SMaC要素：制定时间；是否有过改变；若有改变，是在什么时候。

发现1 10倍速公司对SMaC方法有清楚的认识（有力证据）。在发展初期和（或）尚为小公司时，这7家10倍速公司就已经制定了完整的SMaC方法。

发现 2 10 倍速公司对 SMaC 方法有着清楚的认识（较为充分的证据）。5 家对比组案例公司（太平洋西南航空公司、萨菲科、苹果、基因泰克和美国外科医疗公司）在发展初期和（或）尚为小公司时就已经建立了 SMaC 方法，另外一家（超微半导体公司）拥有较模糊的 SMaC 方法，还有一家（基兰斯纳）没有 SMaC 方法。

发现 3 10 倍速公司很少会更改其 SMaC 方法的要素（有力证据）。如表附 17 所示，在我们的观察期内，10 倍速公司平均只更改了 15% 的 SMaC 方法要素。

表附 17　SMaC 方法要素的变化情况（包括 10 倍速公司）

公司	要素的数量	要素更改的数量（%）①	要素更改的年数	要素更改的平均年数	做出首次更改的年数
安进	10	1（10%）	10	10	10
巴奥米特	12	1（10%）	8	8	8
英特尔	11	2（20%）	23，30	26	23
微软	13	2（15%）	21，24	22	21
前进保险	9	2（20%）	35，40	37	35
西南航空公司	10	2（20%）	23，26	24	23
史赛克	9	1（10%）	19	19	19
平均值	10	15%	24		20

注：①百分比采用的是四舍五入法，因为 SMaC 方法要素的数量为近似值。

发现 4 对比组案例公司更改 SMaC 方法的幅度超过 10 倍速公司（有力证据）。如表附 18 所示，对比组案例公司平均更改了 60% 的 SMaC 方法要素——这一比例远高于 10 倍速公司（15%）。

表附 18 SMaC 方法要素的变化情况（包括对比组案例公司）

公司	要素的数量	要素更改的数量（%）[①]	要素更改的年数	要素更改的平均年数	做出首次更改的年数
基因泰克	8	5（60%）	14，19，19，19，19	18	14
基兰斯纳	无 SMaC 方法				
超微半导体	6	4（65%）	15，15，15，29	18	15
苹果	8	5（60%）	7，8，10，15，15	11	7
萨菲科	7	5（70%）			
太平洋西南航空公司	7	5（70%）	16，20，26，26	22	16
美国外科医疗公司	7	4（55%）	23，29，29，31	28	23
平均值	7	60%	19		15

注：①百分比采用的是四舍五入法，因为 SMaC 方法要素的数量为近似值。

发现 5 平均来看，10 倍速公司和对比组案例公司更改 SMaC 方法要素的时间都很长（有力证据）。如前面两个表格所示，10 倍速公司平均每 24 年就更改 SMaC 方法中的一个要素（对比组案例公司平均为 19 年）。平均而言，10 倍速公司首次更改其 SMaC 方法的时间为方法制定后的 20 年（对比组案例公司为方法制定后的 15 年）。

研究依据：运气分析

基于对230个运气事件的分析，我们在第七章中对运气进行了讨论。我们分析了10倍速公司和对比组案例公司的运气事件（好的和坏的），以考察公司所经历运气事件的数量、类型和时间分布是否存在不同。

运气的操作性定义。我们对运气事件的定义是：（1）事件的重要方面与关键角色的行动基本没有关系或完全没有关系；（2）事件对企业具有潜在的重大后果（好的或坏的）；（3）事件具有不可预测的要素。运气分为两个等级：

1. “纯粹的”运气，即事件的发生与企业中关键角色的行动完全没有关系。
2. “部分的”运气，即事件的发生与企业中关键角色的行动基本没有关系，但并非完全没有关系。而对于“部分的”运气，事件的重要方面是关键角色（无论它们拥有什么样的技能）所无法改变的（阻止或导致）。

要想弄清楚一个运气事件，重要的一点就是准确地找出事件中的运气部分。以1977年时的基因泰克为例。当年，它是首家攻克基因编辑的公司。这个事件本身可能与技能而非运气有关。但他们是幸运的，因为没有人在他们之前做这件事情（这是一个他们无法控制的事件，因为他们无法影响其他人的所作所为）。所以，我们将

"最先攻克基因编辑"这一事件定义为"部分的"运气（技能和运气的结合）。

在将事件划分为好运气或坏运气的问题上，我们主要考量的是一个正常人在事件发生时会如何看待这个事件。我们在划分好运气和坏运气时，依据的正是这一原则，而非后来的结果。

我们对公司文献进行了系统的考察，并通过我们的定义和如下类别对运气事件进行了分析：

- 纯粹的运气，"纯粹的"（好的或坏的）。
- 部分的运气，"部分的"（好的或坏的）。
- 中等重要的运气，"中等重要的"，事件对公司的成功有一定影响（好的或坏的）。
- 非常重要的运气，"非常重要的"，事件对公司的成功有着重大影响（好的或坏的）。

我们（吉姆和莫滕）分别对配对组公司的运气事件进行了确认和分析。然后，我们就分歧交换了意见，并对相关分歧进行了讨论（只有 5% 的运气事件的分析结果存在分歧，这表明评分者间的信任度是非常高的）。之后，再提交会议讨论。这一过程共确定了涵盖所有公司的 230 个运气事件（见第七章中安进和基因泰克的比较案例）。

发现 1 在我们的观察期内，10 倍速公司和对比组案例公司都经历了好的运气（有力证据）。如表附 19 所示，10 倍速公司平均经历了 7 个好运气事件，对比组案例公司平均经历了 8 个好运气事件。

表附 19　好运气事件

配对组	分析年数[①]		好运气事件的数量		每十年好运气事件的数量[②]		10倍速公司拥有更多好运气事件吗?
	10倍速公司	对比组案例公司	10倍速公司	对比组案例公司	10倍速公司	对比组案例公司	
安进和基因泰克	23	27	10	18	4.3	6.7	更少
巴奥米特和基兰斯纳	26	9	4	4	1.5	4.4	更少
英特尔和超微半导体	35	34	7	8	2.0	2.4	相似
微软和苹果	28	27	15	14	5.4	5.2	相似
前进保险和萨菲科	32	32	3	1	0.9	0.3	更多
西南航空公司和太平洋西南航空公司	36	43	8	6	2.2	1.4	更多
史赛克和美国外科医疗公司	26	31	2	5	0.8	1.6	更少
平均值	29.4	29.0	7.0	8.0	2.4	3.1	相似 / 更少
总计	206	203	49	56			

注：① 自公司成立时起到 200 年止。由于信息的不完整性，前进保险公司和萨菲科是从 1971 年开始分析的，史赛克是从 1977 年开始分析的。

② 配对组公司观察期年数的差别控制（以安进为例，10 个好运气事件除以 2.3 个 10 年）。

共计 105 个好运气事件。

发现 2　与对比组案例公司相比，10 倍速公司并未经历更多的好运气事件（有力证据）。比如，表附 19 最后一栏的统计显示，10

倍速公司和对比组案例公司之间并不存在明显的运气差别。就所经历的好运气事件而言，10 倍速公司多于对比组案例公司的有两个配对组，10 倍速公司少于对比组案例公司的有三个对比组，另有两个配对组数量相当。

发现 3　与对比组案例公司相比，10 倍速公司并未经历更多的非常重要和纯粹的好运气事件（有力证据）。如表附 20 所示，就这些重要的运气事件的数量而言，10 倍速公司和对比组案例公司之间并不存在明显差别；10 倍速公司总共经历了 36 个重要的运气事件，而对比组案例公司经历了 40 个重要的运气事件。

表附 20　好运气事件（按类型划分）

好运气事件的类型	10 倍速公司	对比组案例公司	10 倍速公司与对比组案例公司之间的比值	10 倍速公司拥有更多的好运气事件吗?
好运气事件的数量	49	56	0.9	
非常重要的好运气事件的数量	22	28	0.8	更少
中等重要的好运气事件的数量	27	28	1.0	
纯粹的好运气事件的数量	14	12	1.2	略多
部分的好运气事件的数量	35	44	0.8	
总计：非常重要的好运气事件的数量或纯粹的好运气事件的数量	36	40	0.9	略少

注：共计 105 个好运气事件。

发现 4　与对比组案例公司相比，10 倍速公司在发展初期并未经历更多的好运气事件（有力证据）。我们试图通过这项分析确定 10 倍速公司或对比组案例公司在发展初期是否更幸运，但并未发现它们中的哪一组公司更幸运（见表附 21）。

发现 5　与 10 倍速公司相比，对比组案例公司并未经历更多的坏运气事件（有力证据）。而坏运气或许可以用来解释为什么对比组案例公司的表现不及 10 倍速公司。然而，如表附 22 所示，10 倍速公司和对比组案例公司经历的坏运气事件数量大致相当（前者平均为 9.3 个，后者平均为 8.6 个）。

表附 21　好运气事件（按类型划分，成立之初的 5 年内和 10 年内）

	10 倍速公司	对比组案例公司	10 倍速公司拥有更多的好运气事件吗？
成立 5 年内所经历的好运气事件的平均数量	2.8	2.8	相同
成立 10 年内所经历的好运气事件的平均数量	5.0	4.5	略多
成立 5 年内所经历的非常重要的好运气事件的平均数量	1.4	1.5	略少
成立 10 年内所经历的非常重要的好运气事件的平均数量	2.8	2.3	略多

注：由于缺少早年的运气数据，我们并未对两家 10 倍速公司（史赛克和前进保险公司）和一家对比组案例公司（萨菲科）进行分析。

表附 22　坏运气事件

配对组	分析年数[①]		坏运气事件的数量		每十年坏运气事件的数量[②]		对比组案例公司拥有更多的坏运气事件吗?
	10 倍速公司	对比组案例公司	10 倍速公司	对比组案例公司	10 倍速公司	对比组案例公司	
安进和基因泰克	23	27	9	9	3.9	3.3	更少
巴奥米特和基兰斯纳	26	9	7	4	2.7	4.4	更多
英特尔和超微半导体公司	35	34	14	11	4.0	3.2	更少
微软和苹果	28	27	9	7	3.2	2.6	更少
前进保险和萨菲科	32	32	8	10	2.5	3.1	更多
西南航空公司和太平洋西南航空公司	36	43	13	13	3.6	3.0	更少
史赛克和美国外科医疗公司	26	31	5	6	1.9	1.9	相同
平均值	29.4	29.0	9.3	8.6	3.2	3.1	相似
总计	206	203	65	60			

注：① 自公司成立时起到 2002 年止。由于信息的不完整性，前进保险公司和萨菲科是从 1971 年开始分析的，史赛克是从 1977 年开始分析的。

② 配对组公司观察期年数的差别控制。

共计 125 个坏运气事件。

发现 6 与 10 倍速公司相比，对比组案例公司在发展初期并未经历更多的坏运气事件（有力证据）。也许有人认为对比组之所以表现差，或许因为它们在发展初期经历了更多的坏运气事件，但如表附 23 所示，事实并非如此。

表附 23 坏运气事件（按类型划分，公司成立之初的 5 年内或 10 年内）

	10 倍速公司	对比组案例公司	对比组案例公司拥有更多的坏运气事件吗？
成立 5 年内所经历的坏运气事件的平均数量	1.2	0.8	略少
成立 10 年内所经历的坏运气事件的平均数量	3.0	1.7	更少
成立 5 年内所经历的非常重要的坏运气事件的平均数量	0.2	0	相似
成立 10 年内所经历的非常重要的坏运气事件的平均数量	0.6	0.2	略少

注：由于缺少公司早期的运气数据，我们并未对两家 10 倍速公司（史赛克和前进保险）和一家对比组案例公司（萨菲科）进行分析。

研究依据：冰球名人堂分析

在第七章中，我们对加拿大总人口和伟大的加拿大出生的冰球运动员（入选冰球名人堂的球星）的出生月份分布进行了比较。

在研究人员洛里利·林菲尔德的协助下，我们进行了如下分析。首先，我们收集了在加拿大出生的冰球名人堂入选者的出生月份数据，并置定了两个限定条件—— 一个是出生年份为 1950 年到 1966

年，一个是至少在国家冰球联盟参加过一个赛季的比赛。我们重点关注 1950 年及 1950 年以后出生的球员，主要是为了确保数据的可靠性，同时这也是对最近的一个时代的分析。（在后续的分析中，我们将出生年份追溯到 1873 年，以便获得更多的样本，但仍得出了同样的结论。）

然后，我们收集了 1951 年到 1966 年出生的加拿大总人口的数据，并按月份、季度和半年度进行列表（见表附 24）。

发现 7 就冰球名人堂入选者而言，1 月到 3 月出生的加拿大球员所占的比例并不高（有力证据）。由于样本数量太少，我们所能得出的结论就是，各出生月份群体之间并没有任何有意义的差别；如果一定要说有的话，那也是 10 月到 12 月出生的球员所占的比例更高（高于总人口 1.9 个百分点）。

表附 24　出生月份分布分析
（加拿大出生的冰球名人堂入选者对加拿大总人口）

出生月份	加拿大出生的冰球名人堂入选者（%）	加拿大总人口（%）	冰球名人堂的百分比减去加拿大人口的百分比（%）
1—3	22.9	24.4	–1.5
4—6	25.7	26.1	–0.4
7—9	25.7	25.7	0
10—12	25.7	23.8	1.9
1—6	48.6	50.5	–1.9
7—12	51.4	49.5	1.9

注：入选者共 35 人（我们后来又将样本数量增加到 155 人，但仍得出了同样的结论）。数据截止时间为 2009 年。